U0929741

国 家 出 版 基 金 项 目
教育部人文社科重大委托项目 世界女子高等教育及大学女校长研究

世界大学女校长◆女子大学丛书

世界大学女校长◆女子大学丛书
Series on World Women University Presidents & Women's Universities

JUDITH WOODSWORTH
朱迪斯·伍兹沃斯

加拿大康考迪亚大学校长

舒笑梅　著

中国传媒大学出版社
Communication University of China Press

总 序

百年大计，教育为本。世界各国的经验表明，强国梦必须有科教梦做支撑。科教兴国，是中国的基本国策，是从教育大国到教育强国、从人口大国到人力资源强国的必由之路。高等教育处于教育体系的顶端，是联结科技与教育的重要桥梁。衡量一个国家科技和教育水平的高低，在很大程度上要看这个国家高等教育的水平。

回顾大学的发展历史，我们不难发现，一所大学办学质量的高低，往往取决于校长的水平。世界著名大学发展的每个重要阶段，都铭刻着大学校长的办学理念和思想，正如艾略特之于哈佛大学，蔡元培之于北京大学，梅贻琦之于清华大学。研究大学校长的办学理念和思想，是管窥一所大学兴衰成败的途径，而专门研究大学女校长，则独辟蹊径，别开生面。

中国现代教育史上，大学校长虽以男性居多，然而成就卓著的女校长也不乏其人。她们推动了大学的变革，丰富了大学的精神内涵，如金陵女子大学老校长吴贻芳，复旦大学前校长谢希德，东南大学前校长韦钰，同济大学前校长吴启迪，等等。女校长人数虽然屈指可数，但其业绩丝毫不逊于男性同行。大学女校长为高等教育的发展注入了活力，做出了贡献。大学女校长的治校理念、办学风格乃至传奇的职业生涯，确实值得深入研究和细致品味。

女子大学是高等院校序列中的一种特有形式，为世界高等教育的发展做出了重要贡献。著名的女子大学，如韦尔斯利学院、史密斯学院、淑明女子大学、日本女子大学、御茶之水女子大学，以及中国历史上的金陵女子大学、北京女子师范大学、华南女子大学等，都写下了光辉的篇章，是世界高等教育的重要组成部分。研究世界各国女子大学，总结提炼女子高等教育的办学经验和人才培养模式，探索现代女性接受高等教育的多样化形式，对于寻求符合女性特质的教育理念和教育方法，应该说是一种有益的尝试。

由中国传媒大学承担的教育部重大委托项目——“完善中国现代大学制度视域中世界女子高等教育及大学女校长群体研究”课题，对以上两个领域进行了系统深入的研究。“世界大学女校长·女子大学”丛书，就是这一课题的主要成果。这套丛书分为四个系列：女子高等教育系列，考察全球女子高等教育的发展轨迹，呈现其办学传统和教育特色；中外大学女校长个案研究系列，以人物传记的形式深度追踪大学女校长的人生经历，剖析她们的成长历程、心智历练、办学理念和治校方略；女校长群体研究系列，群像式描绘某一国家或地区的大学女校长群体，彰显女校长个性的同时，探寻她们的共性；“世界大学女校长论坛”图文集锦系列，汇集展示了大学女校长在历届论坛上的真知灼见和绚丽风采。四个系列，四十余本，蔚为大观。

“世界大学女校长·女子大学”丛书，也是“世界大学女校长论坛”历时十三年深入研究高等教育及女性培养结出的硕果，是深化论坛主旨、促进女性事业和教育事业发展的学术行动。丛书的写作，依托“论坛”这一平台，深度访谈和研究了参加历届论坛的大学女校长，系统整理了多年积累的学术成果，可以说，“论坛”既是女校长们交流合作的舞台，也是本套丛书得以出版的重要基础。

自1995年北京第四届世界妇女大会召开以来，世界妇女运动取得了长足的进展，性别平等的高端主题——女性领导力，也已经是全球关注的议题，与女性学相关的课程在中国高校已经四处开花。今天，有识之士都深刻认识到，女性在社会各个领域的创造力和领导力，是推动社会全面发展的动力之一，也是人类文明进步的重要标尺。“世界大学女校长·女子大学”丛书，对于提升女性领导力，具有重要的参考价值，对于知识女性的成长具有积极的引导意义。

大学女校长是高等教育、女性、领导力的集结点，是知识女性的杰出代表，是自尊、自信、自立、自强的典型，她们不但为高等教育的发展做出了应有的贡献，更以自己坚韧顽强、宽厚包容、无私奉献的品质与情怀，阐释了女性领导力的独特内涵。对于广大女性来说，她们是教育典范和女性楷模，具有榜样的力量和示范的价值，定能引领青年女性沿着正确的道路勇敢前行。

女性的发展，既需要社会各方面的支持，更需要女性自身具备积极进取的意志和宽广博大的胸怀。希望丛书的研究成果能产生广泛和深远的影响，为女性高等教育提供宝贵借鉴，为精英女性的成长与成功给予智力支持；促进全社会更加重视女性平等的教育接受权和职业发展权；激励正在为打破“玻璃天花板”而奋斗的新一代女性，为女性领导力的培育与提高奠定坚实基础。

是为序。

陈至立

2014年7月

前　言

我在中国传媒大学工作近五十年，其中有三十多年在学校领导岗位上任职。这些经历让我有更多的机会体悟、思考女性接受高等教育的重要、女性走向领导岗位的不易。

早在1996年，我即萌生组织世界各国为数不多的大学女校长进行交流合作的想法，但当时忙于学校的学科建设和转型，这一想法被搁置下来。直到2001年，在诸多同事的帮助下，我才将这一构想变成现实，召开了大学女校长“新世纪高等教育发展战略国际论坛”。此后论坛每隔两至三年举办一次。2006年，论坛挂靠中国教育国际交流协会,组建了世界大学女校长论坛组委会，负责论坛的筹划、组织工作；2009年，在江苏有关部门的关心和支持下，成立了江苏中外大学女校长教育发展基金会，为论坛筹集资金。迄今，世界大学女校长论坛已在中国北京、南京、厦门举办五届，并在新西兰、日本、美国、土耳其、津巴布韦和墨西哥等地召开六次分论坛，吸引了79个国家的800余人次大学女校长。

十年来，在与各国大学女校长的交流互动中，我深刻地感受到，女性在高等教育领域作为决策者和领军者可谓凤毛麟角,其人生历练和办学实践值得浓墨重书。翻阅每位女校长的简历、细读她们给论坛提交的论文，总能激起我发自内心的共鸣，赞佩她们的治校理念、管理智慧和人格魅力。每一位女校长都拥有鲜为人知的心路历程、卓尔不凡的领导能力与永载史册的辉煌业绩。

我的一位好友、著名女性传记作家赵凤翔教授曾说:“女人要写女人。”这给了我很大启发——女校长要研究女校长。追溯大学女校长成长、成才、成功的道路,总结女性领导力的形成规律和独特优势,开展大学女校长及女性领导力研究,出版相关研究成果,就成为“世界大学女校长论坛”活动的自然延伸。

2010年,我们筹划设立了“完善中国现代大学制度视域中世界女子高等教育及大学女校长研究”课题,组织来自中国传媒大学等单位80余人的研究团队,选定34个国家80余位大学女校长,进行个案研究和群像描绘;对23个国家的女子大学进行历史梳理与全面考察。2011年,这一课题获得教育部人文社科重大委托项目立项;2013年,由该课题主要研究成果结集而成的“世界大学女校长·女子大学”丛书,获得国家出版基金资助。

这套丛书由四个系列组成,具有三个鲜明特点。四个系列:女子高等教育系列、中外大学女校长个案研究系列、女校长群体研究系列和“世界大学女校长论坛”图文集锦系列。三个特点:一是全景式描述。丛书对世界范围内大学女校长及女子高等教育,首次进行比较全面的观照和挖掘。女校长研究既有共性的揭示与比较,又有个性的剖析与呈现;女子高等教育研究既有全球视野的巡礼,又有具体国别的探究。二是人物传记式的写作方法。丛书以访谈当事人、发掘第一手资料为基础,研究和写作的过程力求再现传主的人生轨迹、突出其办学理念和治校业绩。三是可读性强。传主的真知和作者的匠心历历可见,读者能够在图文并茂中感受到智慧和灵感的融会。

这套丛书是对女性通过教育追求真善美、通过自身努力彰显智仁勇的真实颂扬。著名女作家冰心曾说:这个世界如果没有女人,就会失去十分之五的真、十分之六的善、十分之七的美。女性不仅是真善美的化身，也应是智仁勇的写照。阅读这套丛书，我们可以了解到，女性如何通过交流互鉴，凝聚智慧、取得共识；体认困境，直面现实、自立自强；付诸行动，同心同力、坚持不懈。

这套丛书是对“女性是改造世界的温柔力量”的生动诠释。置身于男性居主导地位的社会管理体系中，女性要取得成功，需要充分展现女性特质，发挥女性优势，要以女性特有的视角观察、思考、解决问题。阅读这套丛书，我们可以看到女校长们如何在战略决策上，高瞻远瞩，运筹帷幄，引领未来；在具体工作中，体贴入微、心系师生，用愿景激励师生，用行动示范师生，用厚德包容之心协理校务；在领导风格上，追求完美和精致，重视以人为本，在管理中实现个人的发展与事业发展的契合。

这套丛书是对高等教育及大学女校长社会价值的全面展示。众所周知，高等教育是形塑社会结构及价值体系的重要载体，大学校长是具有社会象征、示范和引导意义的特殊群体。女性接受高等教育、女性担任大学校长，在改变高等教育生态的同时，也在潜移默化地影响着社会结构变迁、家庭角色分工、社会责任担当、时代价值导向。阅读这套丛书，我们可以看到女子高等教育和大学女校长的发展历程，正是社会不断进步、两性趋于平等的见证，而她们成长的艰辛和不易，也呼吁现代社会迈向更加平等、公正、和谐的完善之路。

丛书已然油墨飘香，感激的话语也充溢心头。感谢江苏中外大学女校长教育发展基金会为项目提供启动经费，感谢教育部将此课题列为人文社科重大委托项目，感谢国家新闻出版广电总局提供国家出版基金资助。特别感谢十一届全国人大常委会副委员长、第十届全国妇联主席陈至立女士担任项目和丛书的总顾问，并欣然作序。

感谢这套丛书的传主、作者和编审们。他们在繁忙的本职工作之余见缝插针，千方百计，保证了任务圆满完成。传主们倾力支持、积极配合；作者们夜以继日，数易其稿；编审们孜孜不倦，精益求精。这种认真负责的精神，令人感叹。课题跨越四载，屡遭挫折，历尽艰辛，常常使我们困扰于“山重水复疑无路”，而殚精竭虑之后的新意迭出，又使我们惊喜于“柳暗花明又一村”。我相信，不久的将来，作者之中定会有著名的传记作家、女性研究专家脱颖而出。

感谢中国传媒大学文科科研处、出版社，为项目的完成和丛书的出版提供了有力保障。丛书煌煌五十本，从策划、组织、申报、撰写到编辑、装帧，学校教师及出版社职工都是主力军，都是可靠、堪用、高效的突击队。如今项目和丛书按期完成、保质保量出版，我要向他们衷心致谢！

任何一项事业，都是“一人启其端，百人扬其华”。我只是一个组织者、牵线者，项目得以完结、丛书得以问世，应归功于各位热心的支持者、参与者。让每一位年轻的女性都能自由地筑梦、勇敢地追梦、幸福地圆梦，是我最乐意为之奔忙的事业。我们期待，有更多的有识之士能参与到这一有意义的工作中来。

刘继南

2014年7月于北京

朱迪斯·伍兹沃斯

2002—2008年担任劳伦森大学校长，2008—2010年担任康考迪亚大学校长。朱迪斯本人是一位出色的法英翻译家，也是一位国际知名的翻译研究者。2002年，她获得了加拿大最高荣誉之一的伊丽莎白二世登基金禧纪念奖章。

Judith Woodsworth, Ph.D.in French literature, has formerly served as President of Laurentian University (2002–2008) and Concordia University (2008–2010).

In Concordia University, she initiated its first strategic development framework which has promoted research, enrolment, internationalization, etc. Judith herself has made a lot of effort to reconstruct the university’s reputation by strengthening the relationship with the media, communities and other external groups, and under her leadership, the Concordia University achieved financial balance.

Judith is an excellent translator and a world-renown researcher. In 2002, she received Queen Elizabeth II Golden Jubilee Medal, one of Canada’s highest honors.

目 录

第一章 东欧移民社区闯出来的优等生：江山代有才人出

9个月，移民了!1949年，朱迪斯被父母抱着从法国巴黎来到加拿大的东部城市哈利法科斯，随后一路西进，跨过了3700公里的湖泊和森林，定居在曼尼托巴省的省会城市温尼伯。温尼伯的阴郁荒凉没有熄灭小朱迪斯的热情，也没有磨灭她的求知欲。课余她帮开杂货店的父母干家务，懂事地替他们分担生活压力；同时她还迷上了音乐，爱上了体育运动。她更继承了母亲对巴黎的热爱，对法国、对法语充满了好奇……

I am violently devoted to the new.

Gertrude Stein, *Everybody's Autobiography*

"我如此痴迷于新鲜事物。"

格特鲁德·斯泰因：《每个人的自传》

九个月大的婴儿能记事吗？朱迪斯·伍兹沃斯（Judith Woodsworth）的回答是肯定的。现年65岁的她依然清晰地记得自己在一艘名为"阿基坦"（Aquitania）的海轮上遭遇的"卷发遇劫记"[①]。其实，这只是一个笑谈，真实情况是朱迪斯通过父母的多次回忆，才得以对自己婴儿时代发生的趣事耳熟能详。

---

① 《卷发遇劫记》，英国作家亚历山大·蒲柏（Alexander Pope，1688—1744）的作品。

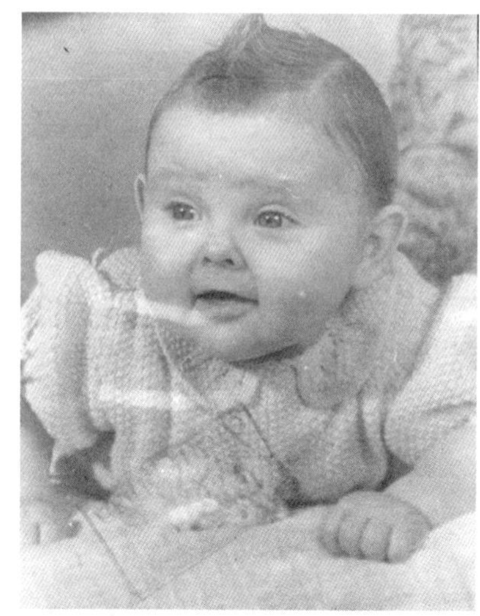

朱迪斯的婴儿照
（1949年 摄于巴黎）

逃离生门　脱离苦海

1948年8月22日，朱迪斯在法国巴黎出生了。她的父亲佐尔顿·韦尔兹（Weisz Zoltan）和母亲苏珊纳·栢林内柯（Jellinek Zsuzsanna）[①]把婚后迎来的第一位小天使看作是上天赐给他们的礼物!其时，这对年轻的犹太夫妇刚刚逃离了饱受战争蹂躏、从法西斯铁蹄下解放不久的匈牙利，离开了时为苏联红军管辖下的首都布达佩斯，辗转来到巴黎。稍稍安定的生活抚慰了佐理和苏希疲惫的身心，给予他们希望，帮助他们转移注意力，努力从第二次世界

① 匈牙利人的名字和中国人的名字一样，姓在前，名在后。移民到加拿大以后，朱迪斯的母亲按照西欧习惯，将名和姓的次序做了颠倒，改名为Susan Zoltan。笔者在下文叙述中将采用朱迪斯的家人对佐尔顿和苏希的昵称，分别称他们为佐理（Zolie）和苏希（Suzie）。另，有时笔者为表现传主与至爱亲朋之间的亲昵关系，将朱迪斯称为朱迪。

大战的梦魇中恢复过来。

第二次世界大战爆发后，佐理和苏希的祖国匈牙利曾企图脱离与德国纳粹的联盟，因而招致德国纳粹的报复性打击：纳粹占领了匈牙利首都布达佩斯，至1944年，屠杀了当地十几万犹太居民[①]。第二次世界大战后期，盟军和德国纳粹激战的战火再次给布达佩斯这座多瑙河上的欧洲第七大古城带来无尽创伤，尤为严重的是，从1944年12月末到1945年2月初苏联红军向德国纳粹发起了强大攻势，在这为期102天的苏德大战期间，红军包围了布达佩斯，却在向市内进攻时遭到守城德国军队的顽强抵抗：德国和匈牙利军队炸毁了多瑙河上所有连接布达和佩斯的桥梁，以阻挡苏联红军的进攻。苏德交战双方损失都很惨重，布达佩斯的居民更是深受其害。激战中，3.8万市民丧生，布达佩斯75%的建筑被炮火摧毁，大约1.8万栋房屋完全毁坏（有的地段甚至达到90%—95%），布达皇宫、国会厅、国家剧院等市内众多的公众和历史建筑物几乎毁失殆尽，历史上布达佩斯从未遭到如此破坏。[②]1945年5月24日瑞士公使馆的报告详细列举了布达佩斯遭受的摧残：

> 估计布达佩斯超过一半的城区被摧毁。城堡山商业区的毁坏最为严重。连俄国人也承认，城内部分地段的破坏程度超过了2年前的斯大林格勒。多瑙河码头，尤其是伊丽莎白大桥和链子桥被完全毁坏。在要塞中央几乎没有仍然直立的建筑物：皇宫被烧毁，加冕礼大教堂坍塌，国会厅严重受损，只剩下轮廓。

① 根据百度百科介绍，“二战”前布达佩斯大约有50万犹太居民，约1/3死于纳粹大屠杀。

② 引自百度百科，http://baike.baidu.com/view/38186.htm。

> 闻名欧洲的利兹、匈牙利亚、卡尔顿、瓦达泽鲁克等大酒店全部化为灰烬……商业银行的损毁程度比信贷银行更为严重。在河对岸的建筑物：摩卡塔、阿德里亚和国家娱乐场被完全烧毁。法国公使馆被德军完全摧毁……[①]

罗马教廷驻布达佩斯大使助手安哥洛·罗塔神甫也描述了战后这片梦魇般的景象：

> 我们只穿过了蒂兹广场——已经不复存在的罗马教皇使节楼将这里和皇宫分开。这虽然只是一段很短的路，但是怎样的一段路啊！教皇使节楼的旁边是冒着熊熊烈焰的外交部，广场对面的国防部同样也陷入一片火海。即使是皇宫本身也有好几处窜着冲天的火柱。广场上到处都是弹坑、战壕和残骸……只有火焰在照亮我们面前的道路。在皇宫里面，我们沿途的每一个大厅和走廊都挤满了受伤的人们，手术就在普通的桌子上进行着，到处都是哭喊和哀号……这简直就是地狱！[②]

的确，战后的布达佩斯和匈牙利其他地方随处可见“白骨露于野，千里无鸡鸣。生民百遗一，念之断人肠”（曹操：《蒿里行》）的惨烈景况。这个地区的民众正承受着无尽的痛苦：食物耗尽、燃料几乎用完、运输中断，上万民众在饥寒交迫中面临死亡的威胁……但是正如美国作家海明威的长篇小说《太阳照常升起》的书名所预示的那样：战争结束了，太阳还会照常升起，生活仍将继续！劫后余生的人们一边忙碌着努力维持生计，一边想方设法和在战争中走散的亲人取得联系。佐理和苏希这两个年轻人就是在这种时代背景下相识的。

---

①② 引自维基百科，http://zh.wikipedia.org/wiki/%E5%B8%83%E8%BE%BE%E4%BD%A9%E6%96%AF。

到1945年，苏希已经在犹太集中营里被关了四年了。刚进集中营时，苏希还一直期待着意外发生，好让她尽快从这可怕的地方逃离出去。可是，从16岁到20岁，她睁大一双绝望的眼睛，好像沉了船的水手一样，在遥远的雾蒙蒙的天边寻找白帆的踪影，日复一日，年复一年，就这样在集中营中度过了近1500个暗无天日的生活。这位花季少女对未来已经不抱任何希望，唯求活着，哪怕再卑微也要活下去！1945年10月，苏联红军解放了布达佩斯，20岁的苏希终于离开了犹太集中营，活着回到布达佩斯，和幸存的父母团聚了。惨不忍睹的集中营生活让苏希一生都不敢回忆，只能将它深深地掩埋在自己的潜意识之中，即使对最亲近的家人也很少提及。①

"二战"爆发之前，苏希是一名快乐的中学生，在布达佩斯的一所中学读到了八九年级，相当于中国的初中二年级或三年级。与她的同龄人，尤其是同龄女孩相比，苏希的受教育程度在当时并不多见。尽管家境不富裕，可是，豆蔻年华，哪个少女不怀揣一份美好的梦想，为自己未来的事业和家庭生活镀上一层玫瑰色呢？可惜，苏希的美梦全被战争破坏了。从集中营出来以后，苏希根本没有时间去憧憬未来，现实也容不得她有任何幻想，因为她急需解决的问题是如何养活自己。苏希经过短暂的思考，做了一番实地考察，很快在布达佩斯的一个集贸市场里开了一家小小的家具杂货摊，自食其力，养活自己。苏希这种勇于面对现实、自食其力的实用主义

① 朱迪斯的表弟爱德华（Edward M. Lewin）是一名律师，工作之余他还很热心地收集第二次世界大战中与犹太大屠杀相关的资料，提醒世人不要忘记这段历史。2013年1月爱德华在接受笔者采访时提到，一般的犹太幸存者都不愿意回忆自己在集中营或在"二战"期间的惨痛经历。

精神在此后的生活中潜移默化地影响了自己的两个孩子朱迪斯和莫妮卡。

战争结束以后，人们都急于安身立命，重建家园，所以苏希的家具生意收益不错，她的摊铺虽小，但每天前来咨询、购买家具的人倒也络绎不绝。有了比较稳定的收入来源以后，善良的苏希开始琢磨怎样帮助自己的亲戚。她有一个叔叔"二战"爆发之前住在德国柏林，战争爆发之初从柏林逃亡到基本保持中立的阿根廷[①]，幸运地逃过了一劫，保全了生命。尽管自己的生活并不丰裕，苏希还是很希望提供一些力所能及的帮助，所以她给远在阿根廷的叔叔寄一些东西，却不知道该如何办理邮寄业务。这时，集贸市场中有人提醒苏希：干吗不去找"路路通"推销员佐理呢？

于是，1946年春季，苏希找到了佐理，认识了这位年轻人，也幸运地找到了她生命中的Mr. Right。佐理比苏希大6岁，是一名手提皮箱，穿梭在集贸市场、推销小件商品的推销员。小伙子高高的个子，深色的皮肤，大大的眼睛，瘦削的脸上常带笑容。虽然佐理来自农村，可是他见了布达佩斯这些城里人却一点也不胆怯，而是十分擅长与他们沟通，总是用得体的语言和合适的举止赢得他人的认可。佐理在农村老家读到小学五六年级，后来辍学帮助父母维持生计。虽然他受到的正规教育不多，可是却很好学，也十分机灵，因此，在集贸市场里，他的推销生意做得像模像样。

佐理有一个叔叔住在法国巴黎，他的一个姐姐在"二战"结束不久投奔了叔叔，此后又辗转从巴黎去了加拿大，佐理本人时常寄

---

① 位于南美洲的阿根廷于1945年3月向德国和日本宣战。

出和收到他们邮寄的物品，所以对于如何往国外寄东西十分在行。在一次又一次共同筹划给亲戚邮寄包裹的过程中，两个年轻人相识相知，培养了平平淡淡、温馨却又长久的情感。佐理觉得他这辈子最为成功的推销就是把自己"推销"给了苏希。20岁的苏希，宛如初花绽放，人如其名[①]，像百合花般纯洁而又美好：一头深褐色的浓密长发，微微卷曲，皮肤很白，圆圆的脸庞，脸部轮廓立体生动，修眉端鼻，虽然小小年纪已饱经沧桑，可是她的眼里却没有留下阴影，依然清澈明亮。随着交往的增多，佐理发现自己除了喜欢苏希的外貌，更欣赏她的勇敢、顽强和热忱，喜欢她即使是在有遗憾的日子里也依然温暖和热情的个性。1946年，战后百废待兴的日子里，两个有缘人喜结连理，一个小小的崭新的家庭诞生了。

然而，1946—1947年蔓延欧洲西北部的罕见寒冬让这对年轻的夫妇苦不堪言，布达佩斯城也同欧洲许多地方一样出现了饥荒。佐理和苏希思来想去，决定离开布达佩斯，告别承载了自己欢乐和苦痛记忆的祖国，另寻一条生路。可是，出路在何方呢？最初，两个年轻人的意见并不一致：苏希想去阿根廷投奔自己的叔叔，而佐理则想去巴黎。他们商量来商量去，最终苏希听从丈夫的建议，决定去巴黎，因为当时从布达佩斯前往巴黎无须准备任何文件、证件等申请材料，简单易行；此外，当时的巴黎已经开始接受美国的经济援助。听住在巴黎的亲戚介绍，那里的生活条件和治安情况都要比布达佩斯好。新婚燕尔的佐理和苏希就这样离开了祖国匈牙利，启程前往巴黎。

① 苏希的名字取自希伯来语Susie，意为"百合花"。

来到花都　开始新生活

1947年3月韦尔兹夫妇辗转来到巴黎，在巴黎生活了近三年时间。作为轴心国的沦陷区，巴黎在“二战”中也深受其害，满目疮痍。战后的巴黎没有公共汽车，没有出租汽车，也几乎没有煤气和电力供应，有人开玩笑地说：“它成了世界上最大的农村，每天早晨都由公鸡把它叫醒。”幸好“二战”结束后不久，法国等西欧国家很快就得到了美国马歇尔计划（Marshall Plan）的援助。

马歇尔计划，又名欧洲复兴计划（European Recovery Program），是“二战”结束以后美国对遭受战争破坏的西欧各国进行经济援助、协助重建的计划。1947年6月5日，美国国务卿G.C.马歇尔（G.C.Marshall）在哈佛大学发表演说，首先提出援助欧洲经济复兴的方案，故名马歇尔计划 。他说当时欧洲的经济濒于崩溃，粮食和燃料等物资极度匮乏，而其需要的进口量远远超过它的支付能力。如果没有大量的额外援助，就会面临性质非常严重的经济、社会和政治的危机。他呼吁欧洲国家采取主动，共同制订一项经济复兴计划，美国则用其生产过剩的物资援助欧洲国家。该计划于1947年7月正式启动，1947年7—9月，英、法、意、奥、比、荷、卢、瑞士、丹、挪、瑞典、葡、希、土、爱尔兰、冰岛16国的代表在巴黎开会，决定接受马歇尔计划，该计划原定期限5年（1948—1952），1951年底，美国宣布提前结束马歇尔计划，代之以《共同安全计划》。在马歇尔计划实施的4个财政年度中，西欧各国总共接受了美国包括金融、技术、设备等各种形式的援助合计130亿美元。马歇尔计划实行初期，欧洲国家将援助大多用于进口生活必需品，例如食品和燃料，但随后大宗进口转向了他们最初也需要的用于重建的原料和产品。截至1951年中期，在马歇尔计划提供的共130亿美元援助资金中，有34亿美元用于输入原料和半成品，32亿美元用于购买粮食、饲料以及肥料等，19亿美元用于进口机器、车辆和重型设备等重工业品，还有16亿美元用于输入燃料。在马歇尔计划实施期间，西欧国家的国民生产总值增长了25%，1948—1952年期间工业生产增长了35%，农业生产实际上已经超过了战前的水平。可以说，马歇尔计划为西欧经济长达二十年的空前发展奠定了坚实基础。[①]

客观来看，马歇尔计划对法国等西欧国家的援助间接地促成了韦尔兹夫妇的巴黎之行；就主观而言，苏希出生于有着“东欧巴黎”之称的布达佩斯，一直对法国首都心向往之，希望有生之年能到那里去看一看。受过中学教育的苏希，在来到法国之前就已经通过学校课本、文学作品、绘画和音乐等艺术作品对法兰西文化有了一定的了解；少女情怀更让她对浪漫之都巴黎充满了憧憬。如今，她来到巴黎，徜徉在塞纳河畔，走过香榭丽舍大街，在协和广场稍作休息，瞻仰断头台，看埃及方尖碑，经过凯旋门的拱门，仰望圣母院高耸的尖塔，曾经被犹太集中营扼杀了的、少女时期的梦想之一终于实现了，她心满意足。

1948年8月22日，结婚两年的苏希在法国巴黎诞下了她和佐理的第一个孩子。夫妻俩高兴地为孩子取名朱迪斯，并亲昵地称她为朱

① 本段内容和数据引自百度百科，http://baike.baidu.com/view/56200.htm。

1949年韦尔兹夫妇携幼女朱迪斯摄于巴黎圣母院前

迪。在希伯来语中，Judith意为赞美，显然，身为犹太人的韦尔兹夫妇希望借由新生命的诞生赞美上帝的仁慈。当然，他们也希望把这名女婴培养成“文静、甜美、坚守信念”[①]的信义之人。

家中添丁，让佐理和苏希欣喜不已，可是，窘迫的物质生活又让韦尔兹夫妇倍感困扰。“二战”结束以后，尽管欧洲许多国家受惠于美国推行的马歇尔计划，但是以美国为首的资本主义阵营和以苏联为首的社会主义阵营迅速形成对立，构成冷战（cold war）局面。“二战”之前，西欧的粮食供应很大程度上依赖东欧出口的余粮，但冷战开始后，横贯欧洲大陆的“铁幕”（iron curtain）几乎完全阻断了西

① Judith一名既有“赞美”的词源含义，也有“文静、甜美、坚守信念”的含义。

欧与东欧的粮食进口贸易，加剧了战后西欧粮食短缺的局面，这种情况在德国尤其严重，1946—1947年德国人均热量摄入仅为每天1800千卡，这个数值完全不能保障人体的长期健康。美国商界领袖、积极促成马歇尔计划实施的政府官员威廉·克莱顿在给华盛顿的报告中说，“数百万人正在慢慢饿死”。（“Millions of people are slowly starving.”）[①]与德国人相比，巴黎人的生活水平虽然稍好，却也只能勉强维持温饱。为了后代着想，也为了将来更好地发展，寄居在叔叔家中的佐理和苏希决定带上襁褓中的婴儿，再次启程，前往加拿大，与已经在加拿大哈利法科斯生活的佐理的姐姐，也就是朱迪斯的姑姑会合。

移民加拿大 开辟新天地

横跨大西洋、从欧洲移民美洲不仅是一次地理空间的迁徙，也是一次全新的心理体验：从饱受战争蹂躏的欧洲大陆迈向美洲新世界，一切希望都寄托在一个遥远的新的国土之上。开创新生活，虽然没有多少积蓄，也没有受过很多教育，甚至语言不通，但是这些都难不倒年轻的佐理和苏希。1949年5月底6月初，韦尔兹一家三口勇敢地踏上了远洋海轮“阿基坦”[②]的甲板，开启了加拿大

① 参见http://baike.baidu.com/view/2642566.htm。

② 朱迪斯所说的阿基坦号海轮是列奥纳德·派斯科特(Leonado Peskett)为英国康纳德“白色之星”欧洲—美洲海运线设计制造的Aquitania，一般翻译为“阿基塔尼亚”，长274.6米，吨位45647吨，于1913年4月21日下水，1950年2月退役。“二战”期间曾改造成军舰为军方服务，从1946年开始恢复民运海航业务。受加拿大政府之托，首批运送的乘客是加拿大在外征战士兵的英国新娘和她们的孩子。

航程。不过，开局似乎并不顺利。朱迪斯是这样回忆她来加拿大的“历险记”的：

> 当我还是个被母亲抱在怀里的婴儿时，就来到了加拿大——或者至少我是在她的怀里，直到她把我交给我的父亲，而他又将我托付给一个空姐，因为他们当时正设法把行李弄上那艘名为“阿基坦”的英国船，他们正是坐着这艘船从法国穿过英吉利海峡，准备去往加拿大。我母亲发现我不见了之后变得焦躁不安，她问我父亲我在哪。
>
> “我把她托付给了一位女士。”他说。
>
> “哪位女士？”她问。
>
> “我不记得了。”我父亲回答。
>
> 他们在甲板上四处寻找，希望能找到那位“女士”和他们的孩子，但对于他们这些仅仅知道一星半点法语和英语的匈牙利人来说这实在不是一件易事。万幸的是，我很快就被找到了，母亲把我紧紧搂在怀中。[①]

其实，佐理和苏希移民加拿大的决定代表了当时许多欧洲人尤其是东欧人的意愿。加拿大是一个历史悠久的国家，远在2.2万年前，印第安人和爱斯基摩人就居住在这块辽阔的土地上了。“加拿大”一名亦采自印第安语“Kanata”，意为拥有许多茅屋的小村。这个谦称“拥有许多茅屋的小村落”实际上是幅员辽阔的大国，国土面积位居世界第二，国土总面积约为997万平方公里。

可是，加拿大的居民数量与广袤的国土面积却极不相称，每平方英里只有2—9人居住。要维持国家安全和经济发展，加拿大

---

① 根据笔者的采访整理而成。在朱迪斯提供给“世界大学女校长论坛”的材料中也有类似内容。

需要更多的劳动力，因此，加拿大一直对国外移民敞开怀抱。沃什（James Wash）在2012年的论文中认为：从历史的角度而言，国际移民一直是加拿大实行的一个明智政策[①]。中国学者龙瑞光也简单地梳理了加拿大的移民历史：

> 1608年法国人尚普兰在魁北克建立了加拿大历史上第一个殖民据点，开创了欧洲人移民加拿大的先河。后来英国人也尾随而来，并于1763年击败法国人，从而成为北美北部即大概相当于现今加拿大版图的新主人。随后英、法等西欧国家的人纷纷移民加拿大，加拿大开始进入自由移民的时期。1867年加拿大自治领成立。1871年加拿大历史上第一次人口普查结果表明，英裔占全国人口的60.6%，法裔占31.1%，从而英裔、法裔成为加拿大的两大建国民族，也是加拿大人数最多的两大民族。这次人口普查显示加拿大全国人口仅有368万，因此加拿大政府在成立后不久就把吸纳移民作为其基本国策。1869年就颁布了加拿大历史上第一部移民法，倡导招揽移民，以促进加拿大的开发，加拿大开始了鼓励移民的时期。[②]

19世纪末，加拿大经济呈放量增长，为了增加劳动力，政府推出了一系列大胆而激进的措施，如有条件赠送土地，不遗余力地从世界各地吸引从事农业劳动的人士移民加拿大，造就了加拿大历史上第一次和第二次移民高潮。根据维基百科的数据统计：

---

① James Wash, "Mass Migration and the Post-war Long Boom in Canada and Australia, 1947–1970" ,in *Journal of Historical Sociology*, Volume 25, Issue 3,pp.352–385, September 2012.

② 龙瑞光：《试析二战后加拿大废除种族歧视性移民政策的原因》，《内蒙古农业大学学报》2007年第5期，第328—331页。

> 1896年，只有16000多名移民进入加拿大。而1905年，移民人数增长到了141000多人，扩大了几乎10倍。到了1913年，移民人数更直线上升到40万以上。1891年至1914年间，已经有超过300万人来到加拿大，其中大部分人来自欧洲大陆。自1896年至第一次世界大战爆发之前，大约有300多万新移民抵达加拿大，开始他们的新生活。新移民中近100万来自不列颠诸岛，75万来自美国，50余万来自欧洲大陆。1900年，加拿大总人口数仅为537万，其中57%为英裔、31%为法裔，绝大多数聚居在美加边境以北的狭长走廊地带。①

加拿大的第三拨移民主要来自欧洲本土，在第一次世界大战之前的1911—1913年达到顶峰（1913年超过40万移民）。②第二次世界大战的爆发促成了加拿大移民历史上的第四个移民高潮。1939—1945年“二战”期间，欧洲一些受过高等教育的难民，尤其是犹太平民，设法从纳粹的统治下逃离出来，从英国被运送到加拿大。这些人为加拿大提供了一批杰出的高级人才。但“二战”的爆发也让加拿大损失了不少人。据蒙特利尔发行量最大、最具影响力的中文报纸《蒙城华人报》第156期报道：

> 在1939年至1945年的6年间，上百万加拿大男女军人走上欧洲前线，为和平与自由而战。在6年的“二战”中，42000名加拿大士兵阵亡，包括23000名陆军、17000名空军、2000名海军、1600名商船队员，另有55000人受伤。单是加拿大皇家空军就有23万男兵和1.7万名女兵组成的86支中队参加了“二战”多次空战，1.7万多人在战斗中牺牲。

---

①② 参见http://zh.wikipedia.org/wiki/%E7%A7%BB%E6%B0%91%E5%8A%A0%E6%8B%BF%E5%A4%A7。

加拿大政府劳动部在1947年的一份文件中明确要求增加国内人口，因为害怕“如此之少的人口无法控制如此之庞大的遗产”。[①]1947年加拿大政府出台《公民法》，并重新修订《移民法1952》，开启了新一轮欧洲移民潮的大门。1947—1950年，大量没有资助的无家可归者获准进入加拿大。1957年有28.7万名非英语、非法语的来自东欧的移民进入加拿大。此外，来自亚洲、南美及加勒比群岛的移民与日俱增。据加拿大劳务部统计，“加拿大政府在1947年至1970年之间吸纳了来自世界各国的80224名移民”。学者格林（Alan Green）根据统计数据指出：“20世纪70年代加拿大将近一半的劳动力增长得益于移民。”[②]沃什分析指出：“战后加拿大和澳大利亚雄心勃勃地发起了移民运动，它们的这一行为相对而言在发达工业国家中是最具扩张性的。通过这些方法政府官员试图完善自己国家的基础设施，建立国家制造部门，形成国内市场，以减少对重要工业国家的长期依赖，以及在世界市场中钟摆式摇晃的缺点。”[③]

加拿大需要大量人口填充广袤的国土，此外，加拿大热衷于吸引国际移民的另一个原因是地缘因素。哈内分析认为：“尽管加拿大被普遍认为是一个能够从半依赖性的殖民地转变为现代化工业国家的经济帝国，保持人口还被看作是一个战略性的考虑。自从与

① 参见加拿大劳务部1947年颁发的《公民法》，第646页。

② Green, Alan, 1976, *Immigration and the Postwar Canadian Economy*, Toronto:MacMillan.

③ James Wash, “Mass Migration and the Post-war Long Boom in Canada and Australia, 1947–1970”,in *Journal of Historical Sociology*, Volume 25, Issue 3,pp.352–385, September 2012.

美国在边境问题上产生有倾向性的争议以后，加拿大政府十分害怕美国在字面意义和象征意义上的侵略和扩张，因此加拿大政府自20世纪20年代的经济大萧条以来就发出了一个明显的吁求，希望增加加拿大的人口数量。”①

如今加拿大接纳的新移民来自世界上240余个国家和地区，民族多达4000余个，其多元文化结构日益得到彰显。沃什和哈内诸多学者都认为“加拿大的移民政策也使人团结起来，铸就了一个‘种族’或民族，是集体身份、国家忠诚度和民族依赖感的假定来源”。②就朱迪斯而言，她的个人生活始于父母的移民决定，移民杂居的生活氛围影响了她的个性成长。

有加拿大“第一种族”之称的印第安人部落的图腾柱（摄影：徐天舒）

---

① Harney, Robert, 1988, “So Great a Heritage as Ours”, in *Immigration and the Survival of the Canadian Polity*, Daedalus, Volume 117, Issue4, pp.51–97.

② James Wash, “Mass Migration and the Post-war Long Boom in Canada and Australia, 1947–1970”,in *Journal of Historical Sociology*, Volume 25, Issue 3,pp.352–385, September 2012.

定居温尼伯　适应新社区

经过约一个星期的航行，[①]1949年6月韦尔兹一家乘坐的阿基坦号海轮横跨大西洋，抵达加拿大东部省份新斯科舍省（Nova Scotia）的省会城市哈利法科斯（Halifax）。

按地理位置划分，加拿大包括十个省和三个区，即安大略省、魁北克省、曼尼托巴省、萨斯喀彻温省、阿尔伯塔省、爱德华王子岛省、新斯科舍省、新不伦瑞克省、不列颠哥伦比亚省、纽芬兰省和西北地区、育空地区、努纳瓦特地区。

位于加拿大东部的哈利法科斯市地域面积5577平方公里，大约为整个新斯科舍省面积的10%，是新斯科舍省主要的政府服务和商业部门的集中地。它地形地貌丰富多样，既有可以用来耕作的农业用地，又有多石地区，还有浓密森林覆盖的高大海岸。尤为重要的是，哈利法科斯是加拿大东部地区通往欧洲的门户，也是欧洲移民登陆加拿大东部的主要港口，这主要得益于其适宜的气候。作为加拿大第二温暖的城市，哈利法科斯的年度平均气温在2—23℃之间：冬无酷寒，气温在2—10℃左右，夏无酷暑，平均气温在23℃上下，春季温暖，秋季宜人。绚丽多姿的地貌和四季宜人的气候吸引了许多欧洲和世界各地的移民来到哈利法科斯，使它成为加拿大人口密集的城市之一。[②]

① 由于年代久远加之年幼，朱迪斯没能准确回忆出她在阿基坦号海轮上到底航行了多长时间，笔者经多方查询后得知阿基坦号海轮提供的是weekly service，从英国出发至加拿大，航行速度为23节，最大速度为24节。

② 详见哈利法科斯城市介绍网站。

尽管哈利法科斯气候宜人、风景优美，但是韦尔兹夫妇在那里生活了一段时间以后，还是决定“向西进、向西进”，前往加拿大中部省份曼尼托巴省的省会城市温尼伯（Winnipeg）。一来，当时的哈利法科斯已经居住了许多来自欧洲的移民，相应地，留给他们的工作机会就不多了，而此时，佐理幸运地获得了一份温尼伯的工作，机会难得，不容错过。二来，佐理是一位十分虔诚的犹太教徒：每逢周六，他都会放下手中的工作，自觉地前往犹太教堂做礼拜[①]，当时哈利法科斯还不是犹太教区，相反，温尼伯则已经有一个具有一定规模的、相对稳定的犹太教区。基于工作生活和宗教信仰两方面的考虑，佐理携家带口，乘坐火车，穿越幅员辽阔的加拿大，途中跨过了长达3700公里的湖泊和森林，来到温尼伯，定居在这个城市。朱迪斯回忆说：那是一段令人难忘的旅程，因为沿途除了大片的荒芜之外鲜有城市和村落。

温尼伯是加拿大中部省份曼尼托巴省的最大城市。就地理位置而言，它位于加拿大的中心位置，也处于整个北美洲的中心，坐落于北红河与阿西尼泊因河交汇处的泛滥平原，城市周围被北红河的河道保护着。它是去往大草原的通道，距美国国境仅96公里。由于温尼伯的地理形状像个叉子，所以它又被称作“叉子城”。

从地理条件来看，温尼伯实在不是一个理想的居住之地。一方面，地广人稀，第二次世界大战以前，来自欧洲的移民习惯于集中在加拿大东部如哈利法科斯等大西洋沿岸城市；而来自亚洲的移民则倾向于居住在温哥华等太平洋沿岸城市，住在加拿大内陆地区的人

---

① 根据犹太教传统，周六是Sabbath day，即礼拜日。基督教徒则将星期日视为礼拜日。

口相对较少。“二战”结束以后，由于移民人数持续增加，来自中东欧的移民才开始陆续向加拿大的内陆地区迁徙。另一方面，与温暖宜人的东部城市哈利法科斯相比，温尼伯的气候相当极端：冬天寒风凛冽，平均气温-12.9℃，其中11月中旬到次年3月之间平均温度都处于0℃以下（夜晚甚至可以低到-24℃）；夏天炎热多虫，平均气温25.4℃，5月到9月温度经常达到30℃以上，甚至有时候高达35℃。好在温尼伯日照时间长，平均每年有2372小时光照，是加拿大光照时间最长的城市之一。平均每年有2727小时晴朗天空，是加拿大晴空时间最长的城市，这在一定程度上弥补了温尼伯冬季阴郁寒冷的不足。

1951年苏希带着朱迪斯和次女莫妮卡摄于温尼伯的家门前

在朱迪斯的印象中，温尼伯可能是世界上最寒冷的城市之一：冬季酷寒漫长，往往从每年的10月一直延续到次年的5月，其中1月份最冷，平均气温介于零下十几到二十几度。但是，即使在如此严寒的气温下，少女的爱美之心还是常常让朱迪斯“只要风度，不要温度”，勇敢地光腿穿着超短裙去上学。父亲佐理总是心疼地紧追着一边搓着手一边蹦跳着跑出门外的女儿，冲着女儿的背影喊：“穿上长袜!回来，穿上长袜呀!”成年的朱迪斯笑着回忆说：“那时候可

1953年，佐理携女莫妮卡和朱迪斯摄于温尼伯家前。前排为莫妮卡，中为朱迪斯

从来没有考虑过会不会得关节炎!只是觉得如此打扮会在寒冬中让同学们羡慕、效仿，那还是挺爽的!”

温尼伯的夏天炎热多雨，是蚊虫的绝佳滋生地。朱迪斯的表弟爱德华曾向笔者形容说温尼伯的蚊子有茶壶那么大!朱迪斯也回忆说：夏天，她和家人进汽车之前要先对着车体猛喷一阵灭蚊剂，然后迅速将车门打开一条缝，挤进车内，可是，当汽车预热完成即将开动时，前窗玻璃上已经又满满地铺上了一层蚊虫!朱迪斯在温尼伯居住的那些夏天，不仅要与酷热斗争，还要不断地与蚊虫“大战”。夏天来临时，朱迪斯和妹妹莫妮卡娇嫩的皮肤上常有许多红红的、让人浑身刺痒的蚊包。难怪朱迪斯形容说：《圣经》里上帝为了惩罚埃及长老制造了十个灾难，夏季温尼伯的蚊虫绝对堪比其中一难!

朱迪斯曾经说过：“尽管天气恶劣，地理条件糟糕，这里的人民却很热情好客。”她还举例说著名的卡通画《小熊维尼》中维尼的名字其实就是温尼伯的缩写。的确，正如位于温尼伯市的曼尼托巴大学社会学系学者利奥·德莱杰尔和理查德·马佐夫所说：“加拿大和许多西方国家都深受犹太—基督教影响，强调兄弟情谊。众生平等、每一个人都可以依据自己的喜好享有自由崇拜的权利，如今这种权利已经成为大部分欧洲国家和北美国家的合法权利。”①作为一个移民城市，温尼伯吸纳了来自波兰、乌克兰等东欧地区，意大利、希腊等南欧地区，德国、法国、英国等西欧地区以及斯堪的纳维亚等北欧地区和亚洲等其他各洲的移民。②来自世界各地的多元文化与温尼伯当地流传久已的印第安土著文化冲击碰撞，相互包容，形成了独特的温尼伯多元文化氛围。温尼伯市有专业橄榄球队、冰球队和棒球队，保留着很好的运动传统。温尼伯市政府为了强化该市的多元文化特性，每年都会举办100多种文化节日盛会；此外，温尼伯人还很聪明地用体育运动来拉近各族人民的距离，他们知道体育运动不仅能够强身健体，还可以调整心态，凝聚人心，让市民们更加热爱生活。朱迪斯对于各项体育的爱好和精通就源于温尼伯的浸润。可以说，温尼伯用它宽厚博大的胸怀接纳了韦尔兹一家。

作为初来乍到的移民，韦尔兹一家人的生活并不轻松。朱迪斯说：“在我成长的大部分时候我们家都过着艰苦的生活。”从下页图不难看出，朱迪斯的卧室是非常简陋的：窄窄的一张架子床上，

---

①② 利奥·德莱杰尔、理查德·马佐夫：《温尼伯高中的种族偏见和歧视》，《加拿大社会学学刊》1981年第6期。

辛苦了一天的10岁孩童正在酣睡。朱迪斯至今还清楚地记得，她从幼年开始就帮助父母做家事。父母在温尼伯开了一家前店后家式的杂货店。寒冷的冬季，大人在前店忙着照顾生意，小朱迪斯放学回家，匆匆跺掉靴子上的积雪，赶忙回屋，点上火炉，做饭烧菜，给在前店忙碌的父母送去。也许就是从那时候开始，朱迪斯逐渐练就了一手好厨艺。同时她还要照顾比她小两岁半的妹妹莫妮卡。再稍大一些，朱迪斯还会帮助父母照看店面，清点现金，为来自世界各地的邻居顾客们服务，也许这些经历在不知不觉中锻炼了朱迪斯与不同种族的人沟通和交流的能力，为她以后的职业生涯一步一步打下了基础。

2004年，朱迪斯在接受中国传媒大学外事办公室相关人员的采访时回忆道：

> 我是在移民社区里长大的，那里聚集着早年从欧洲各地来的人们。最近，加拿大的土著居民大规模地从乡间迁入城市，从其他大洲来的移民也加入了那些欧洲移民的行列。
>
> 由于家庭背景和居住的地区特殊，我熟悉多种语言，对多元

1959年，朱迪斯（摄于温尼伯的家中）

文化的体验有浓厚的兴趣，并有能力在不同社区间建立起沟通的桥梁。这些在文学尤其是翻译方面，给了我很多帮助。但作为管理者特别是大学校长，这些对我有更大更多的帮助。

虽然温尼伯社区的居民总体热情友好，但身为在移民社区里长大的犹太人，朱迪斯或多或少依然会感受到一些偏见和歧视。1981年，利奥·德莱杰尔和理查德·马佐夫随机选取了温尼伯市的9所高中，将9—12年级的高中学生作为调查对象，通过问卷调查的方式，重点调查了不同种族背景的高中生对其他种族可能存在的偏见和歧视。在收回的2520份有效答卷中，2/3的犹太学生察觉到歧视；大约50%的波兰学生（51%）、超过40%的意大利学生（46%）、法国学生（45%），以及1/3的乌克兰和德国学生认为自己受到过歧视，而少于1/5的斯堪的纳维亚和英国学生认为受到过不公正的待遇。这些歧视主要体现在玩笑、嘲笑和语言辱骂中。除了犹太人以外，大部分学生没有遭受过严重攻击、发表仇恨言论和故意破坏财产的行为。虽然大部分的歧视只是不足为奇的玩笑，但是也有一些恶意的言语，如称呼他们为“肮脏的犹太人”、“血腥的犹太人”、“廉价而又富裕的犹太人”。[①]1981年已经是加拿大自1960年开始实施《平权法案》的第21个年头，温尼伯的中学里还存在如此的种族偏见，更何况在朱迪斯成长的50年代呢？时代、国家、家庭和种族背景锻造了朱迪斯吃苦耐劳、奋发要强的个性。在学校里她力求做到最好：学习好，运动好，组织活动能力强！她要用自己的实际行动消除人们的偏见。

① 利奥·德莱杰尔、理查德·马佐夫：《温尼伯高中的种族偏见和歧视》，《加拿大社会学学刊》1981年第6期。

尽管生活清贫，韦尔兹一家却开朗乐观。爸爸佐理是个成年的"好奇宝宝"，对一切新鲜事情永远保持好奇心，充满了求知欲。他始终记得在阿基坦的那艘英国轮船上因语言不通，找不到自己女儿时的惊恐和焦虑，意识到学习语言的重要性，所以他随时随地都会带上一本英语或法语词典，经常跟他的顾客打听这个单词该怎么发音，那个单词是什么意思，这句话该用在什么场合，那句话又有什么深层含义。很快，这位匈牙利农民的儿子掌握了加拿大的两种官方语言——英语和法语。

佐理还发挥自己善于与人沟通的优点，将自己的小店打造成左邻右舍们最愿意来的一个聚会闲聊的地方。佐理的店里有一台收音机，只要佐理在店里，他总是打开收音机，一方面练习自己的英语或法语听力，另一方面也为自己积累谈资。佐理本人既不打篮球也不踢足球，也不玩号称加拿大国球运动的曲棍球。可是，当他的某个爱好曲棍球的顾客来店时，佐理总是会先假装随意地问他："嘿，约翰，你觉得昨天的那场曲棍球赛怎么样？你喜欢哪个队？"短短几个回合的攀谈之后，这位顾客很快将佐理视为知己，与他畅谈一番自己的比赛观感，然后买上一些东西，心满意足地离开佐理的杂货店。等到下一位顾客进店，佐理又会问他："麦克，约翰刚刚来过，他认为红队打得更好，你的看法呢？"如此这般，等到下一次曲棍球赛开赛后，这些顾客会主动到佐理的杂货店，和这位店主一起分享自己的比赛观感。一来二去，佐理和这些顾客都成了好朋友。

当然，佐理不仅善于与顾客沟通攀谈，在店里营造友好氛围，作为一名体贴的丈夫，他更善于与妻子和女儿们沟通，尤其擅长表扬她们。苏希勤快能干，打点家事之余爱好研制开发各种美食，佐理总会在饱餐之后，心满意足地抚着鼓鼓的胃部乐呵呵地夸耀："要是有谁说她做的菜比苏希做得好，她肯定是在撒谎！"作为慈爱的父亲，佐理也为自己两个女儿取得的点滴进步而自豪。受妈妈的影响，朱迪斯也很擅长烹饪。有一天，成年的朱迪斯亲手烤制了一个提拉米苏蛋糕，请父亲品尝。佐理赞不绝口，随口说道："哈，要是有谁说她做的比朱迪好，那可得问问我同不同意了！"可是，佐理一转头，发现妻子苏希正站在自己身后，面带委屈地看着他。于是，佐理在椅子上欠了欠身子，想了一小会儿，面露怯色地对朱迪斯说："我……我不知道这么说对不对：你做的蛋糕确实美味，当然，当然……嗯，你妈妈做的也是非常好的。"乐观开朗的爸爸就是这样影响了朱迪斯的个性发展。

母亲苏希则在文化心理方面影响了女儿。作为出生于布达佩斯又在巴黎生活过一阵的"城里人"，苏希当然觉得温尼伯太小了。她常常向朱迪斯提起巴黎的种种好处，细细描述她在巴黎逛过的街景、看过的戏剧、戴过的帽子、穿过的衣服、吃过的料理……她的回忆不知不觉浸润了小朱迪的意识，潜意识中朱迪斯对法国、对法语存了一份好感，这份好感为她将来选择学业道路和职业生涯提供了依据。

如果说佐理擅长与人打交道，苏希则更擅长与数字打交道。20世纪50年代，佐理在自家经营的杂货店里兼做屠夫，出售各种肉类，生意还不错。但是60年代以后，随着大型超市的兴起，佐理的杂货店生意受到了很大的冲击，为此，佐理想出一个新招：将自己的杂货店改成以自制香肠为主的便利店（Delicatessen）。60年代，佐理的店里还没有用上收款机，每天店铺打烊以后，佐理将当天收到的所有现金放在一个类似褡裢的布袋里，兜着带回家。吃完晚饭以后，苏希做总会计，两个年幼的女儿做“实习会计助理”，将毛票、硬币分门别类，整理、登记、入账，然后将不同面值的硬币归类整理，卷成卷，以便存入银行。这是一份单调却很考验人耐力的工作，而苏希却做得井井有条，从未出过差错。朱迪斯记得自己大约从八九岁开始就在妈妈的指导下干着兼职会计的活，一直干到中学毕业后离家上大学。朱迪斯开玩笑地说：“看，我爸爸妈妈雇佣童工!”不过，她很快补充说，她做校长时对财务的精通也许就得益于幼年的“家庭会计教育”呢。

除了做会计，苏希也继承了犹太人天生善于经营的基因，佐助丈夫，生财有道。每年5月份母亲节即将来临之际，苏希会将自家花园中种植的鲜花剪摘下来，用漂亮的包装纸把它们包装好，系上丝带，放在佐理的便利店里以低于超市的价格卖给顾客。圣诞节来临之前，苏希便去大型超市批发大包礼品，回家后带着女儿们一起将它们拆分成小份，重新进行包装，低价出售。童年时的朱迪斯在干这些活时有时会抱怨几句，偶尔还会耍赖偷懒。长大以后，朱迪斯却很感激苏希通过这些貌似单调的工作培养了自己的耐心和细致，还教会了自己经营之道。

虽然生活并不富裕，佐理和苏希还是尽其所能地为孩子们提供接受教育和休闲度假的机会。有时作为对自己辛勤工作的奖赏，韦尔兹夫妇会带上一对幼女，坐上几天的火车，到五大湖区度假，领略与内陆城市温尼伯不一样的风景。朱迪斯上小学以后，为了锻炼她的意志和自主精神，父母每年都会让她独自一人到安大略湖边

1954年，朱迪斯姐妹在安大略湖边度假，后排坐者为朱迪斯

的夏令营度假。

中国有句谚语：穷人的孩子早当家。这句谚语用在朱迪斯身上也挺恰当。1954年朱迪斯上小学了。朱迪斯记得那时一个教室里有两个年级，也就是说，一年级和二年级同在一个教室。小朱迪领悟力极强，总是很快就能完成老师布置的作业，但她毕竟还只是一个小孩子，完成了自己的作业以后就不太专心，有时蹭一蹭邻座的同学，有时又转头与坐在后排的同学说说话，叽叽喳喳、窃窃私语。幸亏朱迪的老师西比尔·夏克宽宏大度，不仅没有责怪小朱迪，反而和蔼地问她是否愿意试一试二年级学生的作业，结果朱迪很顺利地做完了高她一个年级的作业。老师见状，决定让朱迪跳一级，从教室的一端挪到另一端去听课，接受新挑战的朱迪这下“安分”多了。此后连续两个暑假，夏克老师还安排朱迪到培养天才儿童的

一所特殊学校去听课。小小的朱迪独自一人蹦蹦跳跳地走上公交车、买好车票，接着再转乘另一趟公交车，才能到她所要去的特殊学校。听课之余，她又根据特殊学校的要求，独自一人来到社区图书馆，小小的人儿，踮起脚尖，努力从高高的书架上抽取出她想看的书，放进书包，沉甸甸地背回家阅读。两年以后，由于受到其他家长的抵制，这所特殊学校被废除，跳了两级的朱迪又回到原先的学校，和比她大两三岁的孩子在同一班听课。朱迪斯提起这一段往事时，一方面非常感激她的启蒙老师西比尔·夏克，另一方面她认为学校确实应该根据孩子的不同特点因人施教、因材施教，如今的教育制度一味强调公平，让所有的孩子整齐划一地前进，其实，换一个角度来看，这样的教育制度难道不是对有天分的孩子的一种偏见或歧视吗？当然，这只是成年朱迪斯的反思。作为当事人的朱迪，她

安大略湖边森林，朱迪斯童年时期每年都会来此参加夏令营

认为自己从这所特殊学校受益最多的是这个学校教会她如何使用公共图书馆。直到现在，公共图书馆依然是朱迪最好的朋友。[①]

在父亲佐理的影响下，朱迪斯从小对一切新事物都充满好奇，她学习成绩好，爱好广泛，滑雪、曲棍球、游泳样样擅长，尤其擅长冰壶球；受到母亲的影响，朱迪斯对法国、法语充满了好奇，阅读了许多有关法国文化和法语文学的书籍，她发现文学作品中描写的法国女性大都是优雅精致的，她们在开沙龙时要么赋诗一首，要么弹琴助兴。小小的朱迪不由自主地向往法式生活，觉得钢琴是一种优雅的乐器，声音又悦耳动听，于是她不到5岁便开始学习弹钢琴。朱迪斯回忆说：刚开始学习时可能存有一份小女孩的虚荣心，可是不久以后她却体验到弹琴的乐趣，享受到音乐给她带来的愉悦。那时家中清贫，无法给她买钢琴，她就到自己就读的学校，借用学校的钢琴不知疲倦地练习。笔者采访朱迪斯时，她带着笔者来到起居室，站在钢琴旁，手指轻轻划过琴键，充满感情地说："不

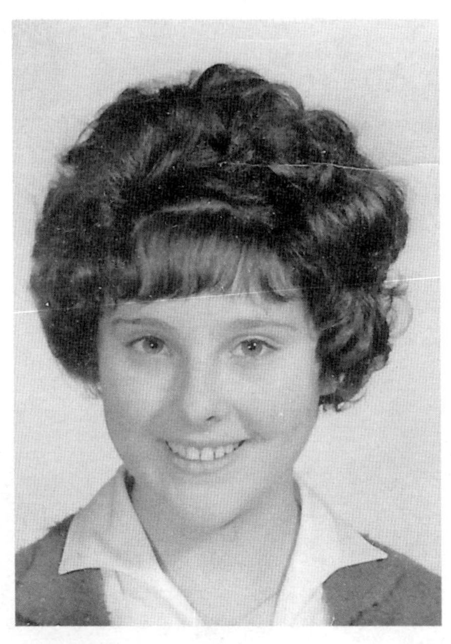

朱迪斯13岁时的中学照

① 2013年1月笔者赴加拿大采访朱迪斯期间，亲眼看到1月30日朱迪斯开车前往蒙特利尔市Beaconsfield公共图书馆还了两本书。

知不觉钢琴这门乐器已经陪伴我60年了!”

1964年6月，年仅15岁的朱迪斯以优异的成绩从中学毕业了。那天韦尔兹全家特地换上正装：妈妈穿上白色洋装，戴上漂亮的帽子；爸爸着西装、打领带，还特地戴上犹太拉比标志的帽子；朱迪斯和莫妮卡也换上了裙装，穿上和妈妈一样款式的尖头带跟船形皮鞋。当天的“女主角”朱迪斯手捧妈妈苏希为她精心准备的一束鲜花，在犹太教堂前庆祝留念。

朱迪斯在回顾自己的童年生活时，发现父母、师长都对她的个性形成起了重要作用，不过“在我的整个学习和职业生涯中妇女总是起着最关键的作用”。她吃苦耐劳、坚韧不拔的精神，她的生活能力，她对法国文化的热爱源自母亲，尤其“对我最重要的是西比尔·夏克，她为温尼伯的公立学校引进了丰富的课程。我有幸被一个特殊学校选中，在那里我爱上了图书馆，并且在大部分学生接触和了解研究之前就学会了怎样

1964年朱迪斯和父母及妹妹莫妮卡在犹太教堂前庆祝自己的毕业典礼，前排右一为朱迪斯

做研究。我还记得夏克博士来到我们这个班级时所说的话。作为一位饱受赞誉的教育者，她激起了我们学习的热情，而那时她并不知道，作为我的第一个行为榜样——第一个在我生命中有重大影响的女性，她对我有着怎样的影响。”

的确，在西比尔·夏克这些优秀妇女的影响下，朱迪斯不仅增长了知识，还学会了做人。

第二章 法兰西文化浸润中的高等教育：书山有路勤为径

15岁，上大学了！朱迪斯以全A成绩从高中毕业，获得了魁北克省蒙特利尔市麦吉尔大学奖学金。母亲的影响让朱迪斯对一切与法国相关的东西都很着迷。有了奖学金的经济保障，朱迪斯决定大胆离开她从小生长的英语社区，去蒙特利尔，去追求法式气质，去研读法语和哲学，从此开始了她与法语、与法国文化的终生情缘……

Eyes are a Surprise.

Gertrude Stein, *Everybody's Autobiography*

眼见的全是惊奇。

格特鲁德·斯泰因：《每个人的自传》

1964年上半年，15岁[①]的朱迪斯面临着人生的重要选择：即将中学毕业的她是终止学业，迈入职场，以减轻父母的经济负担，还是进入高等学府，继续深造？朱迪斯和家人的回答是毫不犹豫的，在小学和中学阶段所有课程都得到全A成绩的她理应继续深造。的确，在20世纪60年代的时代大背景下，加拿大社会已经迈入后工业时代，根据哈尔品·布兰登（Brendan Halpin）等社会学者的观察，

① 朱迪斯的生日是8月，她1964年6月份中学毕业时尚未满16周岁，所以此处记为15岁。

“后工业社会中女性接受后中学教育的机会增加，而且后工业社会也希望强化这种模式。”[①]至于选择哪所大学，朱迪斯却稍显犹豫，究竟是选择位于温尼伯市的温尼伯大学以节省生活开销，还是去魁北克省蒙特利尔市的麦吉尔大学？

朱迪斯的中学毕业照

雏鹰展翅　奔向麦吉尔大学

在朱迪斯的选择名单中令她犹豫不决的温尼伯大学（The University of Winnipeg）位于温尼伯的市中心，前身是曼尼托巴学院（Monitoba College）和韦斯利学院（Wesley College），这两所学院分别成立于1871年和1888年。1963年曼尼托巴学院和韦斯利学院合并，改名为温尼伯大学，成为政府公立大学。温尼伯大学的座右铭是Luxet Veritas Floreant，亦即将光明与真理发扬光大。

温尼伯大学的授课特点是采用小班教学，以便让学生有更多的机会在课堂内外与授课教授进行充分的沟通和交流，这在加拿大大学教育中是比较特别的。该大学下设理学院、教育学院、人文学院和社会科学院，四年制文理科学士学位的学生可以选择辅修一门感兴趣的其他专业的课程，以增加跨学科学习的经历和经验。

① 哈尔品·布兰登等：《爱尔兰及英国教育的雌雄同熟：趋势与模式》，《英国社会学学刊》2003年第54期，第473—495页。Halpin, Brendan and Tak Wing Chan, 2003, “Education Homogamy in Ireland and Britain: Trends and Patterns”, In *British Journal of Sociology*, p.54, pp.473-495.

温尼伯大学除了设有本科、研究生等学位课程之外，同时还设有英语语言学校和大学预科课程。由于温尼伯大学所在地温尼伯市的人文地理环境，该大学还提供从原住民治理到妇女研究等涵盖40多个领域的800多种课程，包括商业与管理、应用计算机科学、经济学、化学、心理学、戏剧与电影等。目前，温尼伯大学有近3.9万名校友分散在各地，从事不同的职业，如政治、法律、医学、商业、神学、艺术等。

温尼伯大学（图片来源：http://baike.baidu.com/albums/37605/37605/0/0.html#0$0d968f23e40c427eac34de29）

麦吉尔大学（McGill University）位于加拿大魁北克省蒙特利尔市中心的皇家山，依山而筑。春日，这里欣欣向荣，繁花似锦；夏天，这里郁郁葱葱，绿树成荫；秋季到来，皇家山上一片金黄，在铺满落叶的幽径旁，在夕阳镀金的余晖里，一座座由浅白色石灰石构筑的殿堂更显庄严肃穆；严冬来临，这里到处银装素裹，唯有人文大楼顶端三只鲜红可爱的欧洲燕在蓝天下迎风飘扬。校园之景季节变换，岁岁年年，仿佛永远不曾更改，因为麦吉尔大学总是跳动着一颗炽热的渴求知识与真理的心[①]。

麦吉尔大学校徽（图片来源：http://zh.wikipedia.org/wiki/File：McGill_University_CoA.svg）

作为加拿大最杰出的大学，麦吉尔大学素有“北方哈佛”之称，它与多伦多大学堪称加拿大高等教育的“双子星座”。1811年，蒙特利尔市的毛皮巨贾詹姆士·麦吉尔（James McGill）立下遗嘱，将一万英镑及皇家山下的46公顷土地用于建造一所永远以他的姓名“麦吉尔”命名的学校或学院。1821年，由英国国王批准成立的“皇家教育促进委员会”获得英国皇家的特许状，象征性地任命了一名校长和四

麦吉尔大学校园正门（图片来源：徐天舒）

① “渴求知识与真理”是麦吉尔大学校徽的拉丁语含义。

名教师，由此宣告“麦吉尔学院”成立。此后麦吉尔学院克服各种困难和艰辛，在校长威廉·道森（William Dawson，1855—1895）的带领下，麦吉尔全体师生披荆斩棘，勇往直前，取得了优异的成绩。1885年，麦吉尔学院正式更名为“麦吉尔大学”。到1893年道森校长离任时，麦吉尔大学已经拥有人文大楼、摩尔森大厦（Molson Hall）、雷德帕斯博物馆、图书馆、麦克唐纳理工大楼以及超过1000名正式注册的学生。麦吉尔大学已初具规模。

麦吉尔大学主校区内捐赠人麦吉尔先生的塑像（图片来源：徐天舒）

在随后的150多年时间里，当年面积仅46公顷的荒山野地变成了如今占地300公顷（主校区和麦克唐纳校区）的校园，楼宇林立，秩序井然。更值得一提的是，麦吉尔大学的教育质量之高位居加拿大高等教育之首：建校150多年来，诞生了五位诺贝尔奖获得者、100多位罗德奖学者[①]，数十位著名作家、诗人以及难以计数的医学家、

① “罗德奖”（Rhodes），罗德奖是世界上最早设立的奖学金，每年由牛津大学颁发，获奖者必须是智力和人品均超群并作出重要贡献的人。

生物学家、建筑学家，政治家……麦吉尔大学新闻网页自豪地宣称：这些校友是加拿大的精英和中流砥柱，没有他们，便没有加拿大高度文明、发达的今天。

面对两所同样优秀的著名高等学府，究竟是留在温尼伯还是奔赴外地？对朱迪斯来说，她是在移民社区里长大的，像一只羽翼初成的小鸟，急于飞向外面更加广袤的世界，领略各国各地的多元文化。幸运的是，由于朱迪斯在学习、学生活动和体育运动各方面都很出色，1964年初，她的高中校长、曼尼托巴省前教育部部长罗伯特·本德（Robert Bend）先生给她和另外一名同学写了推荐信，推荐她申请魁北克省蒙特利尔的麦吉尔大学奖学金。不久，朱迪斯如愿获得1.5万加元的麦吉尔大学本科生入学奖学金（McGill University Entrance Scholarship for Undergraduate Studies at McGill）。有了这笔资金作经济保障，朱迪斯大胆地决定去蒙特利尔，去麦吉尔大学，追求蒙特利尔的法式气质，选择法语作为自己的专业，一圆自己幼年时的梦想。

位于麦吉尔大学内的摩尔森大厦（图片来源：徐天舒）

修身养性　学习生活两不误

作为加拿大顶级的高等学府，麦吉尔大学的课业并不轻松，即使是像朱迪斯这样的全A学生，也需要付出十分的精力来认真学习。朱迪斯曾回忆说：她在麦吉尔大学的四年本科生活，最常规的轨迹是沿着一条山间小径，从位于山谷中的学生公寓步行到与麦吉尔大学正门相对的、位于一道缓坡之上的摩尔森大厦，推开厚重的橡木大门，穿过一道幽暗的走廊，到达教室，在那里聆听教授的讲座。朱迪斯进入高年级以后，法文系从摩尔森大厦搬进了彼得森大厦（Peterson Hall），于是她又在彼得森大厦度过了两年时光。

进入大学以后朱迪斯认识了同系的学长、年轻英俊的帕特里克·伍兹沃斯（Patrick Woodsworth），小伙子在学习和生活上给予朱迪斯很多照顾和指点。周末，帕特里克会邀请朱迪斯和其他同学到学生中心去喝上一杯，顺便打几局桌球。朱迪斯总是很抱歉地跟他们说：“你们去吧，我得先去图书馆，在那待上几个小时，完成我的作业，晚上再来与你

1966年大学二年级学生朱迪斯摄于麦吉尔大学校园内

们会合。”

当然，朱迪斯不是一个只会学习的书呆子。她一如既往地热爱体育运动。麦吉尔大学依山而建，登山是朱迪斯在麦吉尔大学期间最热衷的一项体育运动。她会从山谷的宿舍出发，慢跑一至两个小时至山顶，每周运动两到三次，既释放了学习压力，又锻炼了身体，还保持了体形。朱迪斯笑着调侃自己说：“我最大的敌人就是脂肪。我的遗传基因中有发胖因子，因为我母亲后来就变得越来越胖，所以我必须时刻提高警惕，少食多运动。”[①]后来，朱迪斯到麦吉尔大学的近邻康考迪亚大学任教以后依然保持这一良好习惯。只是随着年龄的增长，她不再慢跑，而是健步走上皇家山山顶。放假时，朱迪斯还会和同学一起外出旅行，增加自己的阅历。

除了学业，朱迪斯认为她在麦吉尔大学本科求学阶段的另一个重要收获是规范了自己的举止行为，培养了自己的淑女气质。作为

1967年朱迪斯在Montmorency 瀑布前留念

① 根据2013年1月30日笔者的采访。

一名大学“新鲜人”，朱迪斯注册麦吉尔大学以后入住的是一栋名为“皇家维多利亚大厦”（Royal Victoria Building）的学生公寓，该公寓底楼大厅的正中央安放着一尊维多利亚女王的雕像。楼如其名，这栋学生公寓确实是按照英国维多利亚时期的淑女规范来教育和培养女大学生的。

皇家维多利亚大厦遵循20世纪60年代加拿大高校女生宿舍普遍执行的基督教的、中产阶级的行为标准，因为家长和教育者们都相信，女性的道德和举止需要依照令人尊敬的中产阶级的基督教标准加以引导和保护。因此，“女生宿舍大多数是依照理想中的中产阶级的基督教家庭来体现关系、营造家庭气氛的”[①]。这座大厦有一名守门兼舍监的男性职员，在大厦入口处的一个小房间里办公。从某种意义而言，女学生和舍监的等级关系类似于标准的家庭关系：舍监像是父亲，高年级的女生像是低年级女生的长姐，刚入校的女生则处于他们的庇护和监督之下。

皇家维多利亚大厦每个学期都会组织一系列活动，例如正式的舞会、正式的晚餐会和早餐会。她们也会举办新生欢迎会，让新生们展示才艺并让新老学生相互认识。女学生们还会参与一些慈善活动。而这些活动增进了这些未来的妻子和母亲与家庭生活的感情。

皇家维多利亚大厦里尤其强调餐桌礼仪。每到晚餐时间，朱迪斯和其他女生需要身着得体服装，鱼贯进入餐厅，8人一桌，背靠高背椅，笔直坐好，等待用餐。在餐厅里女生们不允许脚踏拖鞋、身着

① Catherine Gidney, “Dating and Gating: The Moral Regulation of Men and Women at Victoria and University Colleges,University of Toronto, 1920–60”, In *Journal of Canadian Studies*, Volume 41, No. 2(Printemps 2007 Spring, pp.138–160). 下文中这一引注将被标注为凯瑟琳·纪德内。

宽松的居家女服出现。用餐时，不得跷起二郎腿，也不能站起来取食物，而是要耐心地等待坐在桌首的当值女生将食物传给坐在她旁边的女生，再由她依次传递给其他同学。尤其微妙的是，女生们要学会通过婉转的语言请同桌餐友帮助自己拿够不到的食物。比如某位女生很想尝尝放在餐桌另一端的橘子，她可以跟靠近橘子的女生这样说："珍妮，你想要来个橘子吗？"心领神会的珍妮会主动拿起果篮中的橘子，递给这位女生。朱迪斯从小在具有多元文化特性的温尼伯移民社区成长，她的父母又是来自匈牙利的农民，在她的成长过程中甚少接触这种婉转隐晦的英国式餐桌文化的训练。如今，在麦吉尔大学的学生公寓中，朱迪斯开始接触另一种文化，这为她以后与来自不同文化背景的人，尤其是与来自英国的帕特里克的母亲、朱迪斯未来婆母的沟通和交流打下了一定的基础。

晚餐过后还有咖啡，这时朱迪斯和其他女孩们会从餐厅移到大家集会的客厅享用咖啡，还是由学生轮流为大家服务。通过这种喝咖啡、做下午茶等与家庭生活相关的事务，女生宿舍希望女大学生们能够"举止得体、穿着合体、适应社会、泰然自若而又自信满满"①。

在清洁卫生方面，尽管女仆会打扫公用场所，但是每一个女生都有责任和义务保持自己所住的房间整洁。舍监和指导教师会不定期地检查女生房间的卫生。

在皇家维多利亚大厦执行得最为严格的是晚归制度和签到手续。通常情况下，舍监和学校其实都希望女生们晚上待在宿舍里，

① 凯瑟琳·纪德内，Catherine Gidney，"Dating and Gating：The Moral Regulation of Men and Women at Victoria and University Colleges,University of Toronto, 1920–60", In *Journal of Canadian Studies*, Volume 41, No. 2(2007 Spring). p.141。

不要外出。但是，考虑到女生们的学习和社交情况，宿舍也允许她们有一定数量的晚归记录，但是必须在宵禁前回来。据加拿大学者纪德内的研究发现，1920年多伦多大学的住宿女生要在非周末晚上10:30前回到宿舍；所有学生每周允许有一次在晚上12:30前回宿舍；三年级和四年级的女生在得到舍监允许之后晚归次数可以增加一些。值得注意的是，这一规定到20世纪50年代和60年代早期同样奏效，只是宵禁时间稍微有所推后，但是总体而言，一年级新生应该在晚上11点至12:30回宿舍；每周学生们可以有一次机会在凌晨12点至2:30之间回宿舍。老生们晚归的次数可以比新生们稍多一些，但是，与新生一样，晚归理由要充分，而且要得到舍监和指导

朱迪斯身穿学士服的毕业照

教师的允许。[①]

皇家维多利亚大厦的晚归签到手续十分严格。学生如若晚归要预先写好请假条，可以在晚上10：30和凌晨1：00两个时间段中作出选择，放在大厦门口的舍监那里。入夜以后，这位舍监会像门神一样守在大厦门口，负责验收假条，查看女生们是否按假条上标明的时间回到宿舍。如果有女生想要彻夜不归，那她可真是摊上事了。半夜时分，人人酣睡之际，舍监会摁响大厦的火警警报器，待全楼女生匆忙聚集在门厅维多利亚女王的雕像下以后，一一点名，查验夜不归宿的女生。数次夜不归宿的女生会被麦吉尔大学开除。从凯瑟琳·纪德内介绍的多伦多大学和朱迪斯口述的麦吉尔大学的晚归制度来看，虽然时光流逝了近半个世纪，但是截至20世纪60年代，加拿大女生宿舍文化强调的兼顾事业和家庭的本质并没有太大改变。

信息沟通　说出心中所想

1968年6月，不到20岁的朱迪斯以优异成绩从麦吉尔大学毕业，获法国语言文学学士学位。9月，朱迪斯离开加拿大蒙特利尔，来到位于法国东北部的斯特拉斯堡（Strasbourgh）[②]攻读硕士学

---

① 凯瑟琳·纪德内，Catherine Gidney，"Dating and Gating：The Moral Regulation of Men and Women at Victoria and University Colleges,University of Toronto, 1920–60", In *Journal of Canadian Studies*, Volume 41, No. 2(2007 Spring). p.143。

② 斯特拉斯堡（法语：Strasbourg，德语：Straβburg，阿尔萨斯语），也译作史特拉斯堡，位于法国国土的东端，与德国隔莱茵河相望，是法国阿尔萨斯大区和下莱茵省的首府，也是法国第七大城市，受法德两种文化影响较深。谷登堡、加尔文、歌德、莫扎特、巴斯德等德法两国名人都曾在斯特拉斯堡居留，现为欧洲理事会等国际组织总部所在地。详见百度百科。

位，并于次年8月份如期获得法国文学硕士学位。1969年9月，朱迪斯回到蒙特利尔，和相识多年的帕特里克结了婚，这一年她刚刚21岁。同年9月，朱迪斯开始了新的学业之路：她重回母校麦吉尔大学攻读法语博士学位，继续接受法兰西文化的滋养，沉醉于法国文化的氛围之中。

朱迪斯在攻读博士学位期间遇见了一位认真负责、对她的学业发展很有帮助的导师①。X先生是当时加拿大文学翻译学方面的泰斗。他上课时总是习惯性地带上一大堆学术书，放在讲台上，随时准备翻开引用。尽管他讲课声音不大，可是他却能条分缕析地将自己的观点阐释出来，而且一针见血地指出学生论述中的错误和不足，帮助他们加以改正。朱迪斯还记得她攻读博士学位的第二年，适逢导师去法国工作一年。20世纪六七十年代美洲大陆和欧洲的通信系统远不如今天这样迅捷方便，每一次朱迪斯都将老师布置的作业一个字母一个字母地用打字机敲打出来，邮寄给远在法国的老师。一个月后当她收到老师的回信时，会毫不意外地发现自己的打印稿上都是老师用铅笔修改的密密麻麻的痕迹，页边空白处还有老师用其他颜色的笔（如蓝色、黑色圆珠笔）写下的意见和建议。收信以后朱迪斯会认真思考老师的意见，再次修改自己的作业，用打字机誊写清楚以后邮寄给老师。一个月以后，她又会收到老师的回信，信中修改的笔迹一点也不亚于第一次的信件。有意思的是，老师修改学生作业的方式和习惯也传给了朱迪斯。如今，作为

① 朱迪斯的博士生指导教师已于多年前过世，应朱迪斯本人的要求，为尊重导师的隐私权，本传记不出现她导师的姓名全称，下文中以“X先生”来指称他，个别地方用Jean-Claude X。

一名教师，她也会用不同颜色的笔来修改学生的作业，提醒学生注意事项。

X先生知识渊博，在学业方面很受学生的敬重，但是他的个性实在是太害羞了。朱迪斯认为他十分擅长书面沟通，却极不善于与人进行面对面的交流，尤其避免和他人的眼光接触。朱迪斯开玩笑地说：X先生高高堆在讲台上的书籍其实还有一个作用，由于X先生身材并不高大，这样，他就可以凭借书籍的遮挡，安全地将自己缩在讲桌之后，而无须直面学生求知若渴的视线了。X先生不仅不想在教室里直面学生，平时对学生也是能躲则躲。1992年的一天，朱迪斯和丈夫林赛在超市购物，看见X先生也在同一家超市的蔬果区，朱迪斯和林赛刚想过去与老师打个招呼，却见老师十分窘迫，尽力把自己的脸深深地埋进蔬菜水果之中，假装自己正集中注意力挑选土豆、西红柿呢。见此情景，朱迪斯夫妇只能悄悄地转头而去。朱迪斯很纳闷地问林赛：老师是否不喜欢自己？朱迪斯的困惑一直持续到老师去世时谜团才得以解开。葬礼当天，朱迪斯陪同并帮助师母处理完一应事务以后，师母告诉朱迪斯：每一次老师上完课回家都会非常沮丧地说："我觉得我的学生不喜欢我，因为他们毫无反应。"师母还告诉朱迪斯：老师去世之前最大的遗憾就是无法亲口告诉自己的学生他有多爱他们，多为他们取得的成就而自豪。师母的解释不免让朱迪斯心酸又后悔，她很自责，为什么自己和其他学生没有在老师有生之年告诉他，学生们有多么崇拜和敬重他呢？为什么没有告诉他其实他们很想课后请他喝杯咖啡、聊聊天？通过父亲佐理和自己导师的对比，朱迪斯感受到人与人之间真诚沟通和坦率交流的重要性。她也不由得思考：个体之间缺乏沟通尚且会引发误会，从大的方面来讲，不同的民族和文化之间更需要有效的沟通和交流。那么，何为有效载体呢？她从自己所学的专业阐发开来，觉得文学创作固然重要，但是翻译在传播人类思想、促进文化交流方面同样发挥着不可缺失的作用。那么，翻译是否只是从一种语言到另一种语言的解码/编码的交换过程呢？带着这些问题，朱迪斯一步一步地开始了翻译研究。为了弥补对老师的愧疚，1995年在朱迪斯的发动下，她和博士同学们出版了一本论文集，献给自己敬爱的老师。

文化交流 思考翻译本质

从1969年到1970年，朱迪斯用一年时间就进入了博士论文写作阶段，这在同侪中并不多见。据朱迪斯介绍，一般而言，美国和加拿大的文科博士生需要3—7年修完博士课程并完成博士论文，而朱迪斯在一年内就已经修满75%的博士课程，几乎可以被授予博士学位了。朱迪斯在撰写博士论文时，有意识地进行了跨学科的研究和探索，将文学和翻译学两个不同的专业方向结合起来。她选择保罗·瓦莱里（Paul Valéry）为研究重点，不再仅仅将瓦莱里视为著名的法国作家，更将他看作是对翻译学作出重要贡献的翻译家，在朱迪斯看来：

> 虽然与他的同时代人相比，保罗·瓦莱里算不上专业译者，也算不上是翻译理论家，不过他陶醉、痴迷于翻译的程度并不输给任何人。当乔治·斯坦纳在他的重要著作《巴别塔之后》列举在翻译领域作出基础性或者创新性贡献的人物时，令人惊奇的

> 是，他没有提及纪德的名字，尽管纪德曾经翻译过莎士比亚、布莱克、康拉德，以及写过一些有关翻译的文章——比如双语版的《哈姆雷特》的序言而蜚声国内外。乔治也没有提到瓦莱里·拉尔博，他既是一位笔译家也是一名翻译理论家，而且是保罗·瓦莱里在《商业》杂志社的同事，并曾经著有《圣·热罗姆的祈祷》一书（1946）。乔治唯独提到了保罗·瓦莱里。①

朱迪斯对此提出疑问：为什么乔治对瓦莱里情有独钟？或者说，为什么瓦莱里在翻译史中占有如此独特的地位？在朱迪斯看来，那是因为瓦莱里为翻译作出了基础性的贡献，因为“他使翻译具有双重功能：一方面是向他崇拜的作家致敬，另一方面也借以表达译者自己的想法”。朱迪斯这样说道：

> 在瓦莱里看来，他将翻译工作描述成对话。他在翻译维吉尔的作品时感觉自己如同诗人一般，翻译的过程就像是在和诗人交流一般。这是一种对于原作者的认同现象（源自瓦莱里的理论）。在一步步的翻译过程中，瓦莱里追溯到原文作者的时代，以作者的方式开始。通过这样一种方式，瓦莱里超越了简单的自我认同。由此他“尽自己所能。反复斟酌，以自己的观察和思考方式为基础来进行翻译。……他的创作融汇了自己点点滴滴的思索心得，而没有生硬地套用相应的翻译理论。……简言之，瓦莱里致力于某种理论化的创作，但并不是寻求建立一套严格意义上的翻译理论。②

---

① 本段及以下内容译自朱迪斯的论文“Queleues fragments d’une théorie de la traduction: Paul Valéry traducteur”, *McGill Littératures*, Nos 21–22, 2000.这篇论文刊发在她和同学们为纪念导师而出版的论文合集中，浓缩了朱迪斯博士论文的主要内容。感谢我的同事尹明明老师帮助我将法语论文翻译成中文。

② 伍兹沃斯，“Queleues fragments d’une théorie de la traduction”, pp.247–250。

在这篇论文中朱迪斯借由介绍和分析瓦莱里的翻译生涯、翻译理念及翻译方法，肯定了译者作为翻译主体的地位，即作者和译者同是文化作用的产物，他们都通过描述话语的方式创造了文化产品，在文化传播过程中发挥着重要作用。朱迪斯又从译者的主体角度出发，肯定了瓦莱里提出的译者要与作者产生“认同”的观点，分析说瓦莱里对翻译的认识没有仅仅停留在语言或技术层面，而是从文化层面对翻译进行整体性的思考，强调翻译的历史意识和文化观点，所以他认为翻译以对原作和原作者的理解为出发点，理解的程度越深，翻译的过程就越顺利，诚如瓦莱里所言：

> 译者带着一种对形式相似性的关注，尽量努力做到与原作相吻合，而不需要再翻阅另一篇作品；然而，原作者的其他作品反映了所需的时代背景以及作者的精神状态。实际上，译者所需翻译的原作与原作者的其他作品就如同一场演唱会，乐器之间要相互协调，彼此配合，促成演出的成功。这个生动的例子表明，在翻译时必须关注到原作以外的其他作品。

朱迪斯把瓦莱里的上述思想看成是“现代翻译理论的基本概念”，因为瓦莱里不再把翻译看成是基本的语言模仿，而是一种阅读和写作的创造性过程。在这篇论文中，朱迪斯引经据典，层层剖析，既确立了瓦莱里身为翻译家的地位，也分析了瓦莱里超前的翻译理论，还引用了瓦莱里的翻译实践和成果。从研究身为翻译家的法国作家瓦莱里开始，朱迪斯的研究兴趣被进一步激发起来，她注意到翻译不仅是翻译者的个体工作，而且与他所处的时代密切相关，研究不同时代著名翻译家的发展轨迹，几乎可以串起一部翻译的历史。尤为重要的是，朱迪斯从瓦莱里的一句话：“人们衡量译文是否有价值的标准就是看它是否能引人思考”引发开来，确立了自己从事翻译研究的目的：通过翻译研究引发思考，考察跨语言交流和跨文化交流的历史渊源和可行性举措。在随后几十年的学术生涯中，她开始从一个更加宽广的文化研究视角来钩沉翻译的历史、剖析翻译的含义、洞彻翻译的意义。

第三章　单身母亲戴着镣铐的事业圆舞：梅花香自苦寒来

Far away there in the sunshine are my highest aspirations. I may not reach them, but I can look up and see their beauty, believe in them, and try to follow where they lead.

Louisa May Alcott, *Little Women*

遥远的阳光耀眼之处是我的最高理想。我可能达不到，但我可以抬起头，发现它们的美好，相信它们，试图跟随它们指引的道路走下去。

路易莎·梅·奥尔科特：《小妇人》

风起云涌　做个职场弄潮儿

1969年9月，21岁的朱迪斯和相识多年的帕特里克·伍兹沃斯结婚了，娇羞地在自己的娘家姓“韦尔兹”后面冠上了新的家庭名号“伍兹沃斯”，成为朱迪斯·韦尔兹·伍兹沃斯。身份的改变并没有影响朱迪斯的工作热情，婚后，她没有待在家中做一名全职太太，而是与大多数同时代的妇女一样，进入职场，积极地融入社会，为国家的经济发展贡献自己的才干和热情。

20世纪60年代，加拿大女性接受教育，尤其是高等教育的机会大大增加。第二次世界大战刚结束，加拿大迎来了“婴儿潮”，据《蒙城华人报》第156期报道：“从1945年春天到1946年中，加拿大军人陆续从欧洲回到家乡。在外征战超过五年的老兵还带回了4.8

万名‘战争新娘’，大多是英国姑娘，以及2.2万名在战时出生的孩子。”此后，加拿大的人口出生率持续增加。与持续走高的人口出生率相仿，加拿大的经济发展步伐也日益加快，由此带来战后加拿大高等教育的迅速发展。在这一时期，加拿大新建了许多大学：1959年多伦多市建立了一所公立大学——约克大学，这所大学如今已是加拿大的第三大高校；1963年位于安大略省的特伦特大学建立，1968年该大学成为加拿大大学及学院联合会的一分子，如今它的本科学位被《麦考林》周刊列为加拿大高校第五名；1965年西门·弗雷泽大学成立，这座位于温哥华的大学与英属哥伦比亚大学（UBC）及维多利亚大学（UVIC）鼎足而立，1993、1996、1997、1998、2001年先后五次被《麦考林》周刊评为加拿大最佳综合大学。

加拿大政府在增设高等院校的同时，还利用低学费、提供各种助学金和学生贷款等多种方式，使广大民众更为便利地进入高等学府。有统计显示，1958—1959年度，加拿大大学和学院的在校学生人数（未包括师范学院和大学教育系）只有8.65万人，但1970—1971年度已增至31.67万人。大批女生也因此受益，顺利地走进高等学府的大门。全日制大学学生中女生的比例由1920年的16.3%，1961年的26.2%，升至1971年的37.7%。接受了高等教育的加拿大女性开阔了眼界，增长了知识。

随着教育机构的增加，各种妇女组织和妇女研究机构明显增多。“1965年，全加拿大没有多少妇女组织，没有一家女子书店，因为当时几乎没有关于妇女的书，在中学和大学里没有关于妇女的课程。至80年代末，几乎所有城市中心、小镇和农业社区都有妇女组织为遭受暴力攻击的妇女提供援助，都有妇女书店或妇女艺术陈列室。所有大学都开设了妇女课程，都有对付校园性骚扰的机构。全国性的妇女组织发展迅速，如妇女地位全国行动委员会维系了大多数妇女团体，1977年其下属团体有130个，1984年有280个，1987年增至530个。据加拿大妇女运动档案馆统计，至1988年全国共有各类妇女组织近1500个，代表着近400万妇女。”[①]各类妇女组织的增加也极大地提高了女性意识，增强了她们的社会责任感。

从20世纪60年代开始，越来越多的加拿大女性开始进入劳动力市场，并获得更多的机会和权利。2001年5月，加拿大学者朱迪·富杰（Judy Fudge）在《经济与工业民主》期刊上发表论文《混合商业部门的规定、资质和检查》指出：1901年加拿大女性劳动力只占全部劳力的16%，1970年占38%，1985年已达54%。[②]这组数字增长背后的实际意义是，妇女越来越多地参与社会生产活动并拥有经济自主能力。加拿大学者布勒等（J. Boulet）发现：“自第二次世界大战结束，加拿大女性在劳动力市场中所占的比例急剧增长，尤其是抚养学龄前儿童的已婚妇女在劳动力市场中的比例由1971年的27.1%增加到1981年的47.7%。”[③]

① 刘军：《当代加拿大女性主义概览》，载《加拿大地平线》丛书编委会编：《生活在双语社会》，社会科学文献出版社1999年版，第45页。

② Stephanie Gaudet and Martin Cooke, “Working after Childbirth: A Lifelong Transition Analysis of Canadian Women from the 1970s to 2000”, In *Canadian Review of Sociology* (Print), 2011, Vol. 48, Issue 2, pp.153–180.

③ Boulet, J., & Lavallee, L., *The Changing Economic Status of Women: A Study for the Economic Council of Canada*, 1984, Ottawa: Minister of Supply and Services.

1986年朱迪斯的朋友为她画的肖像画

1979年朱迪斯和前任丈夫帕特里克·伍兹沃斯、儿子迈克尔摄于英属哥伦比亚的维多利亚市

不过，学者贝克（I. Bakker）等人也同时观察到："与美国妇女一样，与本国的男性相比，加拿大妇女更加集中于兼职职业、较少的责任、更低的报酬。1981年的一份数据表明，在全部就职妇女中兼职工作的妇女占了31%，而这些妇女占加拿大全部兼职劳动力的72%。超过60%的加拿大职业妇女集中在以下三个工作领域：文职、销售和服务。"[①]应该说，朱迪斯的就业状况与当时加拿大大部分女性的就业状况相仿。

---

① Bakker, I. , "Women' s Employment in Comparative Perspective", In J. Jenson, E. Hagen, & C. Reddy (Eds.), *Feminization of the Labor Force*, New York: Oxford University, pp.17–44.

20世纪80年代佐理和苏希参加一次家庭聚会时的留影

朱迪斯和帕特里克结婚以后搬离了讲法语的蒙特利尔，在讲英语的安大略省的多伦多市定居下来。与加拿大的大多数同时代女性一样，婚后的朱迪斯也很快进入了劳动力市场。由于朱迪斯的博士学习尚未完全结束，就像英国女作家维吉尼亚·沃尔夫所说的那样，她需要“有一间自己的房间”，神澄意定，集中精力撰写博士论文，所以一开始，朱迪斯从事的只是兼职工作。在多伦多安顿下来不久，朱迪斯在该市的安大略大学的维多利亚学院和继续教育学院找到了两份兼职工作，学以致用，于1974年至1977年为这两个学院教授计学分和不计学分的法语课程。1977年至1978年她又在西安大略省大学呼伦学院法语系做讲师。

时隔数年，朱迪斯熟悉了自己的教书工作，而且此时她的博士论文已经进入最后的润色阶段。好强的朱迪斯自加压力，在两份兼职教职之外，在1976年至1978年期间又分别为《多伦多日历》杂志和《蒙特利尔日历》杂志撰写美食评论，分别用英语和法语撰写她的品尝心得，同时还充当这两份杂志的编辑和校对人。她走大街、穿小巷，暗访多家餐馆，用文字烹调美食，用美食品尝情感，尘世生活在她的笔下变成一场场味蕾冒险。2013年笔者采访朱迪斯时，她略带得意地说："我在这过程中偷偷地学到了不少星级餐馆拿手好菜的绝招呢!"

在尝试多种职业以后，朱迪斯越来越倾向于做一名英法双语翻译。她本人是在英语环境中成长的，因为她的早期教育是以英语为母语的，此后她在高等教育阶段学习了法语并在魁北克及法国使用法语工作和生活，她觉得自己的生活和学习背景为她做一名翻译提供了良好的条件。此外，促使她作出这一决定的关键因素是加拿大政府于1969年颁发了官方语言法，这部联邦法宣布加拿大的官方语言是法语和英语，并规定所有联邦机构必须同时提供英语、法语服务以供客户选择。对时事非常敏感的朱迪斯从这部语言法中捕捉先机，依稀觉察到自己在翻译领域将会大有可为，而她急需增加和积累的是翻译实践经验。从1976年开始，朱迪斯在多个场合担任口译笔译工作，有意识地锻炼翻译实战能力。在1976年联合国举办的人类居住会议上，朱迪斯受邀担任翻译组的组长，将会议中放映的电影翻译成法语并配上法语字幕；1978年夏季她又接受了非营利组织加拿大一体化委员会（Canadian Unity Council，CUC）的翻译和校对任务。

最令朱迪斯难忘的是她于1978年至1980年间在首都渥太华加

拿大国防部的翻译工作，这也是她生命中从事的第一份全职工作。在国防部她需要将一批武器资料从法语翻译成英语。这份工作对朱迪斯来说并不轻松。一般人可能认为：这还不简单，大学里学的是法语专业，直接翻译翻译不就行了？且不说不同语言在编码和解码过程中发生的变换，单是这一批军事材料的内容就让以前从未摸过武器的朱迪斯头痛不已。不过，初生牛犊不怕虎，朱迪斯还是啃下了这块硬骨头。在办公室里她利用一切机会向喜欢军事知识的男同事请教，此外她还利用周末走访军工厂，实地考察大至坦克，小到一把微型手枪的各种零部件。功夫不负有心人，很快她说起坦克的直射火力、越野机动性和履带防护力等时如数家珍；对各种自动和半自动步枪的口径、射程、容弹量、瞄准机械等枪械状况谙熟在胸……她成了国防部一名优秀的军械翻译员。

1991年冬季朱迪斯摄于渥太华里多运河，背景中的米色大楼是她曾经工作过的国防部

1987年家庭聚会时母子合奏一曲

1976年至1980年间，朱迪斯还为加拿大统一组织专题小组（Task Force on Canadian Unity）服务，从事翻译和编审工作。加拿大统一组织专题小组成立于1977年，是加拿大联邦政府为应对具有自治导向的魁北克省而成立的一个机构。其宗旨是收集有关国家统一的问题和意见，建议政府如何采取措施，加强民族团结。在为加拿大统一组织专题小组服务的过程中，朱迪斯从政府和政策层面领会了加拿大多元文化的特殊性以及多民族团结的重要性，这也为她未来从事高校高级行政管理工作时畅通顺达地与政府部门沟通打下了良好的基础。

从容应对　当名坚强好母亲

20世纪70年代初，朱迪斯既要集中精力攻读博士学位，又要身兼数职，做一名经济独立的现代女性，与此同时，她还要做一名称职的家庭主妇并承担更多的家务劳动。诚如贝克等专家学者的研究所说：尽管妇女在劳动力市场的参与程度提高了，但是她们所从事的家务劳动仍然比男性多。研究还发现“无论加拿大妇女是否工作，她们都必须要从事更多的传统的女性家务活动。如果在一个家庭中妻子工作而丈夫不工作，那妻子所承担的家务劳动会稍微少一些，但即便如此，平均而言，这些妻子也需要承担60%的家务劳动。在双职工家庭，女性承担的传统意义上的女性工作占76%，而双职工家庭的丈夫平均只承担少于30%的家务劳动”。[①]人力资源学家建议说：“男性在家中很少从事传统的女性任务，因为他们在劳动力市场中的资源远比女性要多（例如他们的收入所得和受教育程度）。基于社会交换理论，这一观点认为丈夫和妻子的职业特性影响了女性在家务劳动的任务分配中的权利平衡。换句话说，往家带更多熏肉的人却不一定是要烤制它的人，因为他们拥有在家中减少工作负担的权利。家庭中主要挣工资的人，也就是丈夫，可以用钱来减免他们的家庭责任，因为他们在劳动力市场中占据着更加强势的位置，而不简单地是因为这种安排更加经济有效。”[②]学者布莱菲尔德（A.A. Brayfield）经过调查研究后分析说：“女性收入的优势并不足以有效减轻女性所需承担的家务劳动。例如，女性收入比她的丈夫每增加1万美元，她的家务份额只减少1%。因此，女性收入的巨大差距并不足以相应地转换为她在传统的女性家务上量的减少。而收入较高的男性要比和妻子挣一样多的丈夫所从事的家务

① Berk, R. A. , “The New Home Economics: An Agenda for Sociological Research”, In S. F. Berk (Ed.), *Women and Household Labor*, 1980, Beverly Hills: Sage, pp.113–148.

② Burt, S., “Women’s Issues and the Women’s Movement in Canada Since 1970”, In A. Cairns & C. Williams (Eds.), *The Politics of Gender, Ethnicity and Language in Canada* , 1986, Toronto: University of Toronto Press, pp.111–169.

活少得多。在丈夫收入超过6万美元的家庭中，丈夫收入每比妻子多1万美元，他所需承担的家务劳动的份额就减少2.5%；若是丈夫的收入有1万美元，他承担的家务活动就减少3.5%。这一发现说明在低收入夫妻中男性相对而言的经济优势体现得更为明显。”①

1978年8月5日朱迪斯喜诞麟儿，儿子迈克尔出生了，她的生活变得更加忙碌，因为，“对女性个体而言，分娩之后的职业转换是她人生道路中的一个重要转折点。”斯蒂芬·顾德特（Stephen Gudet）和马丁·库克（Martin Cook）在分析从1970年至2000年30年间加拿大母亲在劳动力市场中的数值变化时认为：

> 与男性相比，分娩这一事件会使女性的人生轨迹产生更为明显的断裂。对某些女性而言，她们会因为较长时间离开劳动力市场而导致长远意义上的劳动力资本和社会资本的损失。因照料孩子而引起的工作干扰从长久来看会导致低收入，也会造成总体的性别收入不公，尽管数据表明近几十年来加拿大身为母亲的女性和不是母亲的女性在收入方面的差距已经减少了许多。此外，抚育年幼孩子的母亲在孩子生病需要照顾时不得不重新调整她们的工作计划，这一事实会使她们的职业轨迹受阻。②

顾德特和库克认为产生这一现象的社会原因是：

> 在20世纪70年代以前有偿职业一般是不对母亲开放的，自70年代以后劳动力市场才向抚育学前和学龄儿童的女性开放。但是，这些变化在70年代和80年代的进展一直十分缓慢。例

① Brayfield, A.A., “Employment Resources and Housework in Canada”, In *Journal of Marriage & Family,* 00222445, Feb.1992, Vol. 54, Issue.

② Stephen Gaudet and Martin Cook, “Working after Child: A Lifecourse Transition Analysis of Canadian Women from the 1970s to the 2000s”,in *Canadian Review of Sociology,*May 2011,Vol.48 Issue 2,pp.153—180.

如，1976年，60.9%的55岁以下没有孩子的妇女是有工作的，而相比较而言，抚育3岁以下儿童并参加工作的妇女比例只有27.6%。直到80年代以后绝大部分抚育学前儿童的母亲才被劳动力市场雇用。1985年是一个具有划时代意义的年份，因为这一年绝大多数（52%）抚育3—5岁儿童的母亲被雇用了（根据2005年加拿大统计局的数据）。所以说，雇用母亲还只是一个近期现象。①

作为一名要强的女性，朱迪斯没有因为怀孕、分娩而停止工作。事实上，在怀孕阶段，她还不停地穿街走巷，暗访大小餐馆、撰写美食体验呢!分娩以后，她的工作轨迹也没有产生明显的断裂，依然身兼数职，在照顾年幼孩子的同时还继续自己的博士学业。进入80年代以后，她的婚姻亮起了红灯。这是朱迪斯人生当中的一段苦涩时期，不过她没有像祥林嫂那样逢人便吐苦水，诉说自己的难处，而是云淡风轻地总结了那一阶段的生活：

> 我21岁的时候结了婚，但后来离了。再婚之前，在事业早期相当一段时间里我都是一个单亲妈妈。但事实上，与前夫共同承担家长责任和家人朋友伸出的援手让事情变得不那么困难。只有一个孩子使得同时尽家长和工作的职责容易很多。如果是几个孩子的话，那对我来说安排并接送他们去上小提琴课、曲棍球练习、参加生日聚会就会难得多了。
>
> 不过，我也不会说同时做好老师、研究员、职业翻译、大学行政人员和母亲是一件很容易的事。社会对妇女较为特殊的时间安排总是不予以关心，至少那时候是的。比如大学会议总是

① Stephen Gaudet and Martin Cook, “Working after Child: A Lifecourse Transition Analysis of Canadian Women from the 1970s to the 2000s” ,in *Canadian Review of Sociology*,May 2011,Vol.48 Issue 2, p. 158.

在一天教学工作完成之后的下午四点到六点开。而如果六点我不到日间托儿所接儿子的话，就得交罚款，并且也会让孩子感到很难堪。因此有时候我就早点去接他，带他参加会议。他很乖，总是满足地坐在会议室后面看看书、画点画儿或者吃点会议发的小零食。大学里经常有晚上的课，那我就得把儿子先送回家，找个看护人然后再回学校上课。

总之，我儿子看到的我总是在工作，不论是在家还是在办公室，他甚至还陪我出席会议。也正是在会议室，他很快地观察和学习到了那些学术行为的特点。从长远来看，这对他是有积极影响的，但那段日子不管对他还是对我都挺难熬的。[①]

忙碌而艰难的单身母亲生活没有把朱迪斯压垮，更没有让她的事业止步不前，相反，苦难磨炼了人，它让朱迪斯变得更加坚忍、越发坚强。事过境迁，多年以后当她回忆起这段“难熬”的时光时，早已拥有了一份“轻舟已过万重山”的淡定和从容。

1992年朱迪斯和迈克尔重游故地，回到法国斯特拉斯堡朱迪斯曾经学习过的地方留念

① 朱迪斯2004年参加第二届世界大学女校长论坛时交给中国传媒大学外事办公室的个人简述材料内容。

锐意进取 成为多元翻译家

1980年，朱迪斯从加拿大首都渥太华回到魁北克省的蒙特利尔市，到她的母校麦吉尔大学的近邻康考迪亚大学法语系任教，这也是她全职学术生涯的开始。

1983年朱迪斯在佛罗里达度假

按照惯例，刚刚入校的她只被聘为助教，但是康考迪亚大学法语系的学术委员会在看过她的教育背景和工作简历以后，要求她负责该系新创办的一个本科生翻译项目。作为法语系第一个既有专业经验又有认证资格的项目主管，朱迪斯为这个项目的健康发展指明了方向：她首先开发出新课程，又重新调整了原有的翻译课程，使得编号从100—400的各门翻译课程更加适应不同年级本科生的学习情况和发展需求；她还设计了各门翻译课程的教学大纲、课程指南、授课要求和考试标准。作为项目主管，她负责聘用录取工作。当时法语系只有6名全职教员，朱迪斯不拘一格用人才，不仅从高校还从私营和公营部门里招来一批专业翻译人员，充实到翻译项目的教学队伍中。值得一提的是，如今在国际翻译界大名鼎鼎的翻译理论家谢莉·西蒙（Shelly Simon）就是于1983年被朱迪斯考核聘用的。谢莉在接受笔者的采访时笑呵呵地说："我可是被'老板'朱迪录取的最初几个人之一。"朱迪斯还订立了一条规则：法语系所有翻译教师都必须获得专业的翻译资格认证。一开始，包括谢莉在内的许多教员都提出强烈的反对意见，因为加拿大专业翻译资格认证的淘汰率高达50%以上。这些教员担心考不过，让同事和学生们嘲笑。朱迪斯坚持已见，结果，尽管有些教员考了两三次，但最终所有人都如愿获得资格认证，极大地提高了教学质量和这个翻译项目的声誉。在对内整顿的同时，朱迪斯还积极对外交流，与加拿大各翻译专业协会保持密切联系，并安排学生们去这些协会实习，鼓励他们积极参加协会主办的各种翻译会议和活动，为学生未来就业提供足够多的实战机会。同时她还成功地在加拿大翻译院系协会注册了这个项目，使它获得了正式身份。从这些细节不难看出，在早期职业生涯开始时，朱迪斯不仅是一个专职教师，同时也是一名称职的管理人员。1989年至1991年，朱迪斯担任研究生学位翻译项目主任时也采取了与本科教学大致相同的管理措施。

1983—1985年间，朱迪斯在负责本科生翻译项目的同时还承担着艺术与科学学部下属的人文分部主任助理的工作，负责安排人文分部及旗下11个系的日常事务：协调注册和时间安排；统计招生数据；管理兼职预算并与兼职人员签订合同；管理教师旅游预算；监督本分部的职工；为人文分部复核课程安排提案；处理特殊的学生问题，等等。朱迪斯每天的日程总是安排得满满当当的，难怪她说：

“我儿子看到的我总是在工作，不论是在家还是在办公室。”

1984年朱迪斯获得康考迪亚大学终身教职。通常情况下年轻的助教至少需要工作5年以上才能申请终身教职这个职位。首先，各系已获终身教职的全体教授们组成的系学术委员会根据申请人任职以来发表的学术成果和学生评教的成绩，决定申请人是否通过审核，然后学术委员会将审核合格人员的名单交给系主任，系主任经过慎重考虑以后上交学部或学院，此后学部或学院将候选人名单上交分管学术的副校长，最终由校长负责审批所有申请，每一道程序都十分严格。[①]1985年朱迪斯又顺利荣升副教授一职。1988年她成为正教授。

1991—1995年，朱迪斯作为法语系系主任，负责管理本系24名全职人员和80名兼职教师以及大约700名注册学生，为本科生和研究生提供法语语言、语言学、文学、翻译等课程；启动并监督翻译学合作教育计划和一个新的翻译学硕士学位项目的进展情况。1995—1997年，她升任艺术和科学学部副部长，负责监督管理课程事务、单位评估；参与教师培训计划流程；负责协调跨学部的教授、学生之间的国际事务，与其他学部的对应部门合作。

在康卡迪亚大学工作的17年间，朱迪斯从一名普通的助教开始干起，一步一个脚印，勤奋而又踏实地履行各种不同的行政职务，积累了丰富的行政管理工作经验。

在康考迪亚大学工作的17年间，朱迪斯还积淀了深厚的学术

---

① 2013年1月28日下午1∶30至4∶30，朱迪斯应法语系要求，去学校与其他20位教授一起审核一位年轻同事提出的终身教职的申请。朱迪斯说系里的通知特别提到“如无特殊事宜，接此通知者务请参会”。

素养。朱迪斯在完成博士论文以后，继续思考着翻译的本质和功用。她认为翻译是一项复杂的工程，是跨学科的交流，只有在更为宽广的学科背景下才能更深入地了解翻译的内涵，所以，她提议不仅从语言角度研究翻译，还要从心理学、社会文化和地理空间等多种角度来研究翻译。同时，朱迪斯还注意到翻译学界较少研究翻译的历史和译者的作用，或者说译者的作用往往被忽略了。在朱迪斯看来，译者在参与翻译的过程中成为两种文化的联结者，他们对民族文学的兴起、本国文化的发展和外来文化的传播都作出了不可磨灭的贡献，理应受到重视。沿着这些思路，朱迪斯和珍妮·德利赛尔（Jean Delisle）历时经年，编撰了《穿越历史的翻译家》，1995年由约翰·本杰明出版公司、联合国教科文组织出版了这部专著。该书1998年被译成葡萄牙语，由巴西圣保罗的出版社阿提卡（Editora Atica）出版；2005年译成西班牙语，由安提瓜尔大学出版社出版；2006年被译成阿拉伯语，由科威特城的科学出版社（Dar Al Elm）出版；2008年罗马尼亚韦斯特大学出版社出版了罗马尼亚语版；2007年渥太华大学出版社推出该书法语版的第二版。1992年朱迪斯还小试锋芒，将一部名为《静生活》的小说从法语翻译成英语。该小说的原作者是获得魁北克小说奖的作家兼评论家皮埃尔·奈普沃。该小说的主角是一位摄影师，他从女儿出生开始为自己的幼女拍摄了多张照片，但女儿两岁以后被母亲带走，从此父女失去联系。摄影师凭借着以前拍摄的照片，历经艰辛，终于找到年已20岁的女儿，父女得以团圆。也许小说中浓浓的舐犊之情感动了同为人母的朱迪斯吧！

此外，从1988年开始，朱迪斯陆续出版了以下著述：1988年在翻译研究大会结束以后，编辑出版了名为《翻译及受众》的大会论文；1988年和保罗·方尼埃合作出版著作《语言对语言》（法语版）；1991、1993、1996年与珍妮·德利赛尔编辑出版了《国际翻译历史学家词典》；1994年9月在《魁北克的英语语言》中发表文章《英语在魁北克：桥上看到的风景》；1998年在《翻译研究百科全书》中发表著述《翻译历史》。她还发表了诸多学术论文，例如：《爬下象牙塔》（1987）、《美国对加拿大翻译的看法》（1988）、《术语学学生从教室到工作场合的实践训练》（1988）、《如何教授大纲写作：目标和方法》（1988）、《作家和他们的译者们：马维斯·嘉兰特实例研究》（1988）、《汉堡包和洋葱状圆顶：俄国马赛克块件》（1991）、《译者们与恐龙共享聚光灯》（1993）、《魔法圆顶里的阿拉丁：诗歌翻译》（1994）、《语言， 翻译国家身份认同的推广：两例测试实例》（1996）。此外，她还在多个国际、国内会议和大学、学会、协会发表演讲。

1993年朱迪斯和迈克尔在英国旅行，与守护伦敦塔的卫兵合影

朱迪斯还积极地参与各种学术服务组织和学术团体，1980—1991年间她是加拿大翻译研究协会创设委员，从1987年至1991年间担任主席，英国诺丁汉《国际语言》编辑委员会成员；英国曼彻斯特《翻译人》编辑委员会成员；加拿大翻译学刊*TTR*编辑委员会的创设人员（1987—1992），魁北克翻译家协会成员（1988—1989），翻译理论委员会委员（1990—1993），翻译历史委员会副主席（1990—1999），加拿大人文联盟主任委员会成员（1990—1993），本杰明翻译图书馆顾问委员会成员（1994—2002），国际魁北克研究协会创设主任委员会成员（1997—2002），她同时还是牛津大学出版社出版的五卷本翻译历史丛书顾问委员会委员和国际翻译家协会成员。

1970—1980的十年期间是朱迪斯积累工作经验、牛刀小试的创业阶段；1980—1997年，朱迪斯在康考迪亚大学全职工作的17年是她唯一的儿子迈克尔成长的关键时期，同样也是她本人事业成长的关键时期，她进击着、抗争着、坚守着，毅然无悔而又充满自信地走在爬坡上升的事业道路上，用自己的坚忍和勤劳经营着自己的事业，守护着自己的家庭，期待着“千淘万漉虽辛苦，吹尽黄沙始到金”。

第四章 圣文森山大学副校长：鹰击长空万里阔

I' m not afraid of storms,

for I' m learning to sail my ship.

Louisa May Alcott, *Little Women*

我不惧风雨，因为我正学会扬帆航行。

路易莎·梅·奥尔科特：《小妇人》

1997年，朱迪斯已经在蒙特利尔市的康考迪亚大学全职工作了17年，常规工作越做越顺手，无论是课程安排、项目研究、团队合作还是与学生和同事的沟通、交流，朱迪斯无不得心应手。可是，朱迪斯的内心却再次感受到自己中学毕业前的急迫心情，那就是：摆脱生活常态，奔向新的世界，开辟一方新的天地。

穿越人海 找到人生啦啦队长

作为一名在职场打拼了20多年的女性，朱迪斯深知妇女在工作和生活中所遇到的各种瓶颈，“无形的玻璃天花板”常常在不知不觉中成为众多女性走向“体面”的工作岗位，特别是高层管理职位的障碍。但她却对这种传统望而不畏，她相信只要自己付出足够的努力，就可以打破无形束缚，在自己所从事的行业领域取得与男性一样甚至超过男性的出色成绩。她随时都在为这一天的到来而准备着。

正所谓“机会总是垂青于有准备的头脑”，一旦获得施展才华的机会，朱迪斯定会全力把握。同样，想成就大事的人也会自己去创造机会。所以当位于新斯科舍省会城市哈利法科斯的圣文森山大学招聘学术副校长时，她立即开足马力，全力申请。一方面，朱迪斯觉得她与那方土地有着情感上的联系，因为哈利法科斯是她的父母佐理和苏希远航大西洋、登陆加拿大的第一个城市；另一方面，她认为在那个职位上可以追求事业的更大发展。当她把自己的决定告诉家人时，得到了大家的支持。

1989年在温尼伯的家中举行宗教聚会，左起：朱迪斯、迈克尔、母亲苏希、父亲佐理、同事谢莉·西蒙

作为一位单身母亲，朱迪斯独立抚养独子迈克尔多年，随着时间的推移，迈克尔长大了。1997年上半年，迈克尔就读于高中12年级的最后一个学期，即将升入大学。他告诉母亲说他希望离开蒙特利尔市，到外省、外市去读大学。朱迪斯意识到儿子就像长大的小鸟，将要展翅高飞，想到儿子自打出生起就很少离开自己，尤其和帕特里克离婚以后她几乎是与迈克尔相依为命，不免依依不舍；另一方面朱迪斯也意识到自己将被“解放”，因为随着迈克尔离家上大学，朱迪斯就不用细心而又周到地照顾儿子每日的日常起居，这样她是否可以考虑到其他省份的其他大学、向着更高级别的行政岗位前进呢？

具有喜剧效果的是,最先提议离开的迈克尔最后还是选择了留在蒙特利尔，进入麦吉尔大学就读历史学专业，而朱迪斯则顺利通过了猎头公司及圣文森山大学学术评议会和董事会的筛选，离开了她工作和生活了17年的康考迪亚大学，成为圣文森山大学的学术副校长，分管学术和国际事务。当然，除了儿子迈克尔，促使她下定决心作出变化的人是朱迪斯的再婚丈夫林赛·克莱斯勒（Lindsay Crysler）。

林赛是朱迪斯在康考迪亚大学的同事。他本人的职业生涯曾经十分辉煌，作为一名记者，他曾在加拿大多个城市的报社工作过，此后他在康考迪亚一个新闻项目里担任主管多年。1978年，林赛从工作了25年的报社转入康考迪亚大学任教。林赛在接受笔者的采访时回忆说：“我和朱迪斯大约是在1983年认识的。我从1978年开始在康考迪亚大学新闻学院任教，她1980年离开加拿大国防部，来到康考迪亚。但是，因为一开始我们各自在不同的学院，又在

1993年朱迪斯和林赛摄于苏格兰

不同校区，所以很难有机会相识。1983年朱迪斯成为人文、艺术和科学学部的副学部长，那时我们才开始有所接触，因为，她实际上变成了我的‘上司’，但是在工作中我们的交集依然很少。”

尽管交往不多，但是林赛和朱迪斯第一次真正打交道的经历也没有给双方留下愉快的回忆。1983年秋季学期的一天，林赛因为要给一位短期到访蒙特利尔市的国际学者腾出讲座时间，主动调整了自己课程的上课时间和地点，并通知了学生。此后他履行例行手续，在电话里告知朱迪斯时，不曾想却遭到了朱迪斯的反对。作为负责课程安排工作的副学部长，朱迪斯“公事公办”地对林赛说：“你这种未经允许的调课行为会伤害学生，因为他们很可能找不到下一次上课的时间和地点。”林赛辩驳说他已经预先通知过学生，而且是在得到学生的同意以后才作出调整的。放下电话，林赛心想：“哈，女领导!”朱迪斯则想：“哼，记者就是自由散漫!”

朱迪斯和林赛对双方的“恶感”其实并没有持续很长时间。很快，一位他们两人都认识并深得他们信赖的朋友从他们各自口中听说了那次电话争辩，就分别向他们郑重介绍了林赛和朱迪斯的个性特征，并创造机会，让他们重新认识、了解对方。随着交往的增多，林赛和朱迪斯意识到，自己犯了和英国小说作家简·奥斯汀的小说《傲慢与偏见》中的男女主角同样的错误。

林赛和朱迪斯真正开始私人交往始于1990年，大约在冬季，确切地说，是在12月7日。林赛回忆说：

> 1990年秋天我妻子去世了。我女儿，她那时30岁，刚刚从日本任教两年回国；我31岁的儿子在蒙特利尔工作。我们筹划着邀请在蒙特利尔工作或学习而无法回家过节的年轻的朋友和亲戚来与我们一起过圣诞节。
>
> 那时朱迪斯已经回到法语系，主持翻译项目，而我负责新闻系的工作。我们在那年12月初见面，商讨共建翻译和新闻的合作项目。因为整个魁北克省和蒙特利尔市都使用双语，所以年轻的记者们很有必要既懂法语又懂英语；与此同时，学习翻译的学生们可以从新闻学系开设的强化写作训练中受益。
>
> 我们在讨论这一合作项目期间也对各自的背景有了了解。我发现她来自温尼伯，而我年轻的时候曾在那里做过五六年记者。我们也谈到了户外运动，例如溜冰和跨国（美国—加拿大）滑雪，因为当时正值冬季。我邀请她到我们本地的郊区滑冰馆去滑冰，因为我女儿那时在那里任公共滑冰班班长。

从这一次合作开始，在一次又一次的交谈过程中，朱迪斯越来越觉得林赛是一位值得信任的同事。她逐渐卸下自己在其他人面前的坚强外甲，敞开心扉，倾诉自己的烦恼事。1990年的圣诞节前期，林赛告诉朱迪斯自己的圣诞晚会计划，并随口问起朱迪斯的圣诞假期安排。不料，这正好触动了朱迪斯的心事，自从与帕特里克离婚之后，每逢圣诞，朱迪斯就很不情愿地回到父母在温尼伯的家，并非不想与他们团聚，而是不想听他们唠叨自己的婚事。与天下爱操心的父母一样，大女儿的离婚对老派的佐理和苏希来说是一个打击。作为虔诚的犹太教徒，他们一直认为人间的婚姻是受上帝祝福的，他们想不明白为什么朱迪斯和帕特里克不能像他们一样握着对方的手慢慢变老，相伴相守走完人生路。随着时间的流逝，他们逐渐接受了事实，希望朱迪斯尽快从离婚的阴影中走出来，尽早找到适合自己的另一半。可是，等了好几年，朱迪斯这边一点动静也没有，老两口不由得东猜西想。曾经他们对大女儿的长相十分自信，认为朱迪综合了佐理和苏希两人的所有优点，可是，现在他们却对朱迪斯的外貌不那么自信了。直性子的苏希不止一次半开玩笑地建议说："朱迪，听我说，你得打扮打扮自己。去给自个儿买件皮大衣，这样才能吸引男人的眼光。"朱迪斯戏谑地回答道："嗨，我可不在那上面花钱，有钱我还不如去旅行呢！""傻孩子，"苏希心疼而又无奈地说："你得先买件衣服，找到合适的男人，然后让他出钱，陪你一起去旅行啊！"

朱迪斯尽管与帕特里克离婚了，但是儿子迈克尔是连接两人的纽带，两人时不时会为了迈克尔的事情见上一面，所以处得还像朋友一样。每逢圣诞，儿子迈克尔都去父亲家，每一次帕特里克都很大度地邀请朱迪斯一同过节。有几次，朱迪斯确实去了，可是这一年她打算自己一个人在家过。她对林赛坦诚地说："在帕特里克家，我感觉自己就像是一个多余的备用轮胎，与其他人格格不入。"热心的林赛邀请朱迪斯到他们家参加他们的圣诞大聚会，他真诚地向朱迪斯保证："我们不会让你觉得自己是个局外人！"那天的圣诞聚会，林赛一家招待了12个宾客，来自日本的、乌克兰的、法国的和两位中国的朋友们欢聚一堂。女士们负责做饭，男士们负责摆餐桌。

朱迪斯拿出她的“绝活”，为大家烹制了一道色香味俱佳的火鸡。餐后，有位女生悄悄地、面带愧色地告诉朱迪斯：“要不是亲眼看到你做的菜，我原来还以为火鸡就是死了的鸟呢。”“那是我在那几年中过得最愉快的一个圣诞节。”朱迪斯至今依然这么认为。

1991年朱迪斯和林赛·克莱斯勒首次一起出国，前往莫斯科参加国际翻译学术会议

此后，林赛和朱迪斯开始一起出席一些社交活动。1991年2月中旬，朱迪斯邀请林赛在学校放假期间一起去莫斯科旅行，因为朱迪斯将在那里参加由苏联作家联合会举办的一个国际翻译研讨会，并宣读她的学术论文《汉堡包和洋葱状圆顶：俄国马赛克块件》。有趣的是，在莫斯科参加学术会议期间，朱迪斯和林赛特地去了一家专为外国人服务、只收外汇的莫斯科商场，各买了一顶皮帽子，并在红场前摄影留念，她还将这张照片寄给了母亲，暗示苏希：“瞧，我听了您的话，买了皮帽子，也找到了自己想要的。放心吧！”

随着交往的深入，林赛和朱迪斯都意识到：“我们很高兴也很享受相互的陪伴。”1991年7月，他们搬入了两人合资购买的新居，1991年8月24日，两位有情人在亲戚朋友的见证下举办了结婚仪式。结婚那天，林赛的长子做父亲的伴郎，朱迪斯的妹妹做新娘的伴娘，林赛和朱迪斯各自的母亲在婚礼上第一次也是最后一次见面。20多年过去了，朱迪斯和林赛对婚礼的细节仍然记忆犹新，向笔者提及时依然津津乐道。朱迪斯说："那天晚上的宴请是在一家中餐馆举行的。"林赛忙在一旁补充说："那家中餐馆名叫红辣椒（Red Pepper）。"朱迪斯笑着接口道："那天的自助餐很实惠，每人才5.99加元。是迈克尔预先去踩点的。"林赛又说："2011年结婚20周年时，我们又邀请了20年前参加婚礼的亲朋好友，那天朱迪斯再次穿上她的结婚礼服，朋友们一见都笑了!"说到这里时，朱迪斯和林赛幸福地相视一笑。

林赛在婚后成为"她最大的啦啦队队长，尽我所能地支持她"。林赛本人在大学工作多年，对学术界的内在本质和大学的组织架构十分了解，也很清楚如何与学生和同事交流，所以他总会根据自己的经验和理解设法为朱迪斯提供意见或建议。尽管林赛很谦虚地说只是给朱迪斯"提供道义上的支持"，为了让朱迪斯更加方便地开展工作，林赛甚至没有强迫朱迪斯婚后冠以他的姓克莱斯勒，而是宽容地让朱迪斯保留了前夫帕特里克的姓伍兹沃斯，这样认识朱迪斯的朋友就不会因为她姓名的更改而把她误认作其他人了。

朱迪斯幸运地被圣文森山大学看中以后，再次幸运地得到家中两个男子汉的支持：迈克尔劝慰母亲自己已经长大了，完全能够照顾好自己的生活和学业；而林赛此时已经在新闻和高等教育两个不同的行业工作了差不多45年。在林赛45年的职业生涯，尤其是在记者生涯中，常常因为工作关系而从加拿大的一座城市举家迁徙到另外一座城市，他的亡妻不但从来没有抱怨过，还辞去了自己

▲1991年8月24日，朱迪斯和林赛结婚了

◀在林赛度过青年时代的萨斯科通市，迈克尔、林赛、朱迪斯和林赛的母亲特意换上当地博物馆提供的古旧衣服留影。前排就座的是林赛的母亲奎妮

1993年朱迪斯和林赛在香港

高级秘书主管的工作，成为全职家庭主妇，在家照顾小时候身体总是不好的儿子和随后出生的女儿，并且还总是很配合地收拾好家当，协助林赛搬家。在大家的普遍认知中，似乎在欧洲和北美等国家异地迁徙是一件常见而频繁的事情。其实，作为有着亲身体验的过来人，朱迪斯客观地评价说："在加拿大，这通常意味着需要调动到另一个机构，甚至是这个国家的另一地区，这牵涉到个人和家庭的很大变动，而从个人情况看，女性往往比男性需要更多的勇气。"

林赛很清楚，夫妻之间的奉献是相互的，以前妻子为他的事业作出了较大牺牲，如今，他也可以为妻子牺牲自己的事业。"因此，我毫不犹豫地提前从康考迪亚退休以便让朱迪斯继续她的职业。这个决定很容易作出：很显然她有天分又是广受欢迎的学术领导。"林赛轻松地对笔者回忆道。结果是，退了休的林赛陪着妻子朱迪斯从蒙特利尔市的康考迪亚大学来到哈利法科斯市的圣文森山大学，开始了她全新的高等院校高层行政管理工作。当然，林赛退而不休，他说："我依然很忙，随后的十年中我在我们所居住的两座城市的大学中做兼职工作。我还学会了做饭，在朱迪斯一天的繁重工作之后尽量减轻她的家务负担。”

斟酌再三　定居圣文森山大学

已经度过了140岁诞辰的圣文森山大学是加拿大一所历史悠久的著名高等学府。1873年，由罗马天主教修女慈善会的圣文森特·德·保罗创建，专为女性提供培训。1925年该培训学校改为学院，提供学士学位。1966年改为大学。改为大学的第二年，即1967年，圣文森山大学由单纯的女子学院变成男女兼收的大学，但仍然继续秉持建校宗旨，为妇女教育，为妇女、家庭以及与社会问题相关的知识服务，圣文森山大学的妇女研究中心是加拿大大学中唯一一家为妇女提供商业资源的中心。根据2007年《麦考林》周刊的大学排行榜排名，圣文森山大学位居基础学士类大学前15名。

作为一所教会学校，圣文森山大学校园至今仍保留着与宗教相关的文化特点。校园内矗立的最古老的城堡始建于1847年，原先是一座教堂，19世纪中叶改为校舍，至今已有160多年的历史了。现在这座城堡成了圣文森山大学的象征，成为该大学的行政办公室。招生办公室也在这座城堡之中，是每一位申请到圣文森山大学就读的学生最先踏足之地。走进城堡，大厅中央摆放着招生简章。推开古色古香的厚重木门，一楼大厅的四周散布着一间间整洁有序的办公室。正如这所大学的校园主页上所介绍的那样：“这座150多年的历史城堡依然散发着迷人、古朴的气息，让每一位走近她的人

圣文森山大学妇女研究中心外观（图片来源：http://www.msvu.ca/en/home/aboutus/default.aspx）

圣文森山大学校园内的修女雕像（图片来源：http://www.msvu.ca/en/home/aboutus/default.aspx)

学校教学楼内的毕业照

感觉特别安宁、沉静，一如在她面前绵绵不绝流淌的哈得孙河也变得温婉起来一样。”

校园里的十字架被当作古董，保存完好；跟宗教有关的历史象征（如照片等）也都保存下来了。在学校的行政大楼二楼拐角处还能看到保存相当完好的19世纪初的毕业照，无声地向来访者叙述着历史的沿革和发展。[①]

① 参见圣文森山大学网站主页，http://www.msvu.ca。

放手一搏　追求卓越管理系统

圣文森山大学的校园是宁静祥和的，它的学生生活却是热情又充满活力的。诚如大学校徽所提示的那样，圣文森山大学的目标是“追求卓越、致力创新、努力发现”，对这一目标的追求体现在校园教育和行政管理的方方面面。

圣文森山大学校徽（图片来源：http://www.dongfang-edu.com.cn/productimages/s/schools2010681802327076_607.jpg）

在课程设置方面，圣文森山大学以提供本科教育为主，可以授予38种学位。大学提供的本科课程包括：人文科学、生物学、计算机科学、语言学、数学、社会和人类学、英语、法语、德语、西班牙语、历史、政治科学、经济学、哲学、心理学、物理学、化学、教育学、旅游管理、商业管理、信息技术等。同时，大学还提供公共关系学、人类营养学、幼儿教育学、妇女学、宗教、和平和战争学、电影、美术等一些特殊的本科课程。[①]从成立之初，圣文森山大学就一直关注妇女尤其是下层妇女的命运，其色情行业研究尤其是菲律宾妓女的研究引起了世人的关注。世界女权运动者常将圣文森山

① 参见http://baike.baidu.com/view/7543086.htm? subLemmaId=7571267&fromenter=Mount+Saint+Vincent+University。

大学作为一个重要的聚会场所。圣文森山大学也提供儿童与青年科学教育、成人教育、学校课程研究、基础教育、心理学教育、初级教育、阅读和写作能力教育、学校心理学、家庭教育与老年医学、营养学、女性研究等硕士学位课程。

校园内活跃的学生联合会是该校的一大特色，公共关系、科学和英语协会、户外俱乐部、法语俱乐部、国际学生协会、体育和消遣俱乐部等不同类型的团体丰富了学生的课余生活；学校的健身俱乐部还设有舞蹈练习室、体操房，以及篮球、排球等多种体育运动设施，免费提供给学生使用。此外，圣文森山大学先进的计算机软硬件技术保证了学生电子社区的发展和繁荣：每个学生都拥有一个自己专属的计算机用户名，学校给所有在读学生免费提供最新版本

圣文森山大学校园一景（图片来源：http://www.eic.org.cn/uploads/images/120208/120_120208163758_1.jpg）

的计算机软件；每间宿舍内都有光导纤维的互联网连接，遍布校园的舒适的计算机实验室里有最先进的高质量计算机工作站，方便学生随时查找资料、收发邮件、在Facebook等社交网站上交流和沟通。[①]

1997年朱迪斯通过严格筛选，进入圣文森山大学高级管理阶层。出于保密原则，朱迪斯没有向笔者详细介绍甄选高级学术管理人员的细节，只是介绍了一个大致流程。她说，一般而言，一所大学的董事会主席需要在现任校长或副校长的任期截止日期前至少18个月决定是否需要重新任命校长或副校长。如果董事会主席认为确有必要重新任命校长，他将会主持成立董事会执行委员会，该执行委员会（包括议会代表）将作为评估委员会行使以下的相应权利：

A. 评估委员会在3个月的时间内决定是否推荐新任人选。在这一过程中，委员会需考虑的因素有：校长甄选委员会设立的考查人才相关标准、董事会及当时在任校长制定的目标以及今后五年内学校董事会的目标；

B. 评估委员会在各项工作开始前会与现任校长会谈，现任校长可提交一份自我评估报告；

C. 为了获得对现任校长工作表现的确切评价，评估委员会在校园内广泛征求合适的个人或团体的意见。委员会向校内团体征求书面形式的意见，或是私下与个人或团体会谈；

D. 把有希望的推荐人提交给参议会进行讨论，并且提交给董

---

① 参见圣文森山大学网站主页，http://www.msvu.ca。

事会以征求同意；

E. 如果现任校长无意连任或者评估委员会认为下任校长位置应开放竞争，执行委员会将向评估委员会提议成立寻找校长人选委员会；

F. 委员会的一切行动都是保密的。

在圣文森山大学这样一所“追求卓越、致力创新、努力发现”同时又关注妇女教育的高等学府，朱迪斯觉得她真是来对了地方，可以和她的以女性高管为主的同事们放手一搏，大展宏图。在圣文森山大学取得的点点滴滴的进步和成就，朱迪斯完全可以像古罗马的将军恺撒那样自豪地说：“我来了，我看见了，我征服了。”作为一名分管大学学术事务和对外联络事务的副校长，在1997年至2002年的五年任期中，朱迪斯十分感激圣文森山大学给她提供的良好的工作氛围。相应地，她也投桃报李，尽心尽力地为学校服务。

1999年朱迪斯重游哈利法科斯

2004年4月，朱迪斯在北京参加第二届世界女大学校长论坛时总结了圣文森山大学的校园文化给她工作带来的便利：“虽然这儿也有男生、男老师以及一些男性管理者，但校长总是女性，而且大部分高层管理者也都是女性。所以在这里我可以很好地施展自己的才华而不会遇到一些在‘男性世界’中会遇到的摩擦和压力……由于这是一所只有4000名左右学生的小型财政预算大学，他们不需要很多人参与各项事务管理。正因为如此，我才能在学校行政的多个方面积极地发挥作用。”

朱迪斯在总结自己的第一个任期的工作时这样说道：

> 我在圣文森山大学团体中感觉很好，认识了很多同事和其他员工。我参加了类似公共演讲、教师书籍的发布会等活动；我给教职工发送消息祝贺他们成功，无论何时都尽我所能为我的员工提供支持；我喜欢参加慈善或者精神类的活动，积极参与学生活动，我更喜欢参加集会，这里所有的一切都严格符合道德规范。带着流行在一所大学的善于倾听的能力和讨论的精

圣文森山大学的毕业典礼，中为校长布朗（Dr.Sheila Brown），右着红袍者为时任副校长朱迪斯

神，我可以很好地生活在这富有协商、达成共识气候的圣文森山大学。我尊重过程，但也意识到在过程与行动之间必须达成一致。在这个充满挑战的时代，我作出了合理的决策，锻炼出强有力的领导能力。除了广泛的管理经验和坚实的学术基础，我充满了精力和激情，对改变持开放性态度，对工作采取灵活性方针——简而言之，这些都为我作为学术型副校长的第二任期奠定了坚实的基础。

作为一名资深的学术官员，朱迪斯在圣文森山大学的主要行政工作是负责指导和引领艺术系、科学系的学术活动及职业学习，此外她还负责一系列的学生事务和教学服务。“向我汇报的是下列官员、单位和服务机构：学术系主任，包括住房、健康服务、辅导、体育运动、娱乐和随校牧师在内的与学生相关的从业人员，负责国内和国际学生招生、管理的注册主任，图书馆、信息和技术服务部门，研究和国际活动部门，远程学习部门以及艺术画廊。”她的工作目标是将圣文森山大学打造成“妇女革新教育的世界领导者”。

1999年朱迪斯再次到访法国

本真流露 体现女性高管特色

要成为世界的领导者，首先要成为当地社区的领导者。作为一名新加入圣文森山社区的副校长，朱迪斯十分明白，树立形象、对外推销自己绝不仅仅是一项“面子”工程。相反，她的形象关乎人们对圣文森山大学的评价，还会对自己开展工作产生或正面或负面的影响。有了这一基本认知，朱迪斯“和校长一起为了塑造大学的外部形象而工作”。她和她的团队重新设计了大学的校徽、标志和招生口号；她还代表圣文森山大学在校内外举行的各种活动中发言，代表学校参加了数不清的慈善午宴、晚宴和其他校外活动，并且在团体组织中扮演着领导者的角色。例如，2000年，在朱迪斯的主持下，圣文森山大学为加拿大境内100多所法国浸礼会高中学生举行会议，这次会议的合作方是加拿大联合理事会和讲法语的加拿大籍父母协会；同年，她还主持召开了第一届哈利法科斯“未来法国”会议。2001年4月，“加拿大高级妇女学术管理行政官员”年度会议在哈利法科斯召开，朱迪斯作为本次会议的召集人，积极地联系发言人，与同事们一起作出合理的安排。类似会议在圣文森山大学的一再召开扩大了这所大学的影响，树立了良好的外部形象，也获得了捐赠人的青睐。朱迪斯特别提到，在她的任期内圣文森山大学与“令人尊敬的捐赠人约翰·罗尔斯顿·索尔做了近距离的接触”。

在建立和谐校外社区氛围的同时，朱迪斯也很注意发挥女性领导富有亲和力的优势，“与其他学院的其他同事保持良好的关系，很快就融到当地的集体里，”朱迪斯回忆说，“自1997年加入圣文森山大学以来，没用多久我就了解了这所大学和它独特的文化。我十分感激自己受到的热烈欢迎，我也同样感激学校为我提供了机会，让我如此近距离地关注女性教育。在我工作的第一年，我遇到了向我汇报的几乎所有院系的院长和主任，我很快熟悉了这里的政策、项目还有大学的结构，还有那些最有压力的学术性、管理性、金融问题。”

朱迪斯就职时，圣文森山大学的财政状况并不乐观，朱迪斯在执行正式的“资金金融框架计划”之外，还利用周末时间和同事们一起组织拍卖会，将自己家中闲置不用的物品拿来拍卖，将拍卖所得捐赠给学校，鼓励大家和学校一起共渡难关。下图这把色彩缤纷、精巧可爱的小茶壶就是1998年朱迪斯在教工拍卖会上用10加元竞拍得来的。朱迪斯十分中意这把小茶壶，从哈利法科斯搬家到萨德伯里再到蒙特利尔，她一直带着它，舍不得扔掉。2013年年初笔者采访朱迪斯时，她还在家中用这把茶壶为笔者沏了一壶中国茶呢。

朱迪斯在拍卖会中拍得的茶壶（图片来源：徐天舒）

身为学术型的副校长，朱迪斯十分清楚，仅靠与学校内外建立良好的关系是不能真正体现她的工作实绩的。实际上，她的工作是围绕下列战略区域的目标——“学籍管理、学术计划、外部形象”而展开的，此外，她还将“注意力转向劳动关系、团队管理（包括填补空缺的管理人员职位）、委员会事务和学术活动。”为了实现建设她理想中的现代大学的目标，1997年她刚到圣文森山大学，就着力推行一项内容庞大的学术计划。她首先做的是重新组合和构建学术科系。朱迪斯告诉笔者她刚到圣文森山大学就职时该校只有艺术和科学两个系，她在做了充分调研的基础上，向校董事会和学术评议会提交报告，建议大学增设新的学院。她的建议迅速得到校方的认可和支持。截至2002年她离任时，教育学院已经从原来的艺术系脱离出来，单独成立了学院，此外，学校还单独设立了商学院。

学院的增设必定意味着教员的增加，为此，朱迪斯常常在加拿大各地出差，并通过国际项目，从世界各地延揽优秀人才，充实到圣文森山大学的教学队伍之中。例如，1998—1999年，朱迪斯考虑过要为新增设的计算机辅助工艺过程设计专业增加8个职位，可惜她的提议没有得到校董事会的批准。凭着女性的柔韧和坚持，朱迪斯不断地协调沟通，终于将计算机辅助工艺过程设计列于2001—2002学年拟增聘的长期职位计划中；1999—2000年，朱迪斯推荐并任命了3位具备终身教职的新同事，同一年，女性研究被列入学校发展蓝图中优先发展的专业，又补充了4个终身职位；2000—2001年，朱迪斯又任命了8个具备终身教职的新同事。在2002年她向校董事会提交的年度个人工作报告中，朱迪斯总结了这项工作成果："我领导着一个学术计划，其结果是教员更新加快了，课程改革实现了。"

朱迪斯所说的课程改革集中体现了圣文森山大学一直以来引以为荣的教学特点。朱迪斯在任时，圣文森山大学约有4000名学生。20世纪末加拿大许多高校为了节省教育开支采用大班化教学模式，而圣文森山大学在课堂教学中则坚持对大多数课程采取小班化授课方式，提供高质量的教学科目，以保证学生和授课教师有充足的接触机会，让教授们多花时间帮助和指导学生。同时，身为一名女性，朱迪斯常常会在不知不觉中将学校看成是一个大家庭。在她看来，小班化教学的另一个优点是加强了学生之间的相互联系，这一点对于增强一年级新生的归属感尤为重要，因为在人数较少的班级中，听课人员相对固定，学生们可以很快相互熟悉，这样学生们不用在100或200多人的大教室中张望，每次听课时都会发现自己的邻座是全新的面孔。朱迪斯觉得这些学生与自己的儿子迈克尔年龄相仿，还是孩子，为这些孩子提供体贴周到的服务是她这位女校长乐意做的。

在创新课堂教学之外，朱迪斯还首创了发展实习项目，为探索高校产学合作提供了思路。她沿用了圣文森山大学首创的半工半读的课程设计模式，作为课程的一个重要组成部分；在此基础上朱迪斯进一步优化了实习模式，让大部分的本科在校生在读期间获得累计至少一年的有偿工作机会，这些学生可以通过半工半读的方式，接触并了解与自己的未来职业生涯发展相关的工作领域，积累工作经验，增加毕业后的就业机会。朱迪斯回忆说："这些与课程设计密切结合的实习项目让学生集中精力学习一个学期，然后再工作一

2000年朱迪斯在柬埔寨

个学期，在实习过程中学生们活学活用他们所学到的课堂知识。如此反复2—4个学期，达到规定工作时间以后，学生可以获得相应的学分。”那时朱迪斯只要一有机会就会去实习现场看望、观察和考查学生，并负责与实习单位联系协调，确保学生们能够真正地开展工作。作为考查学生实习效果的重要部分，朱迪斯还要求学生实习结束以后交一份内容详尽的实习报告。朱迪斯不无自豪地说：“这个实习的效果非常好，通常实习的学生在毕业时都会被他们原先的实习单位录用。”朱迪斯首创这个项目以后，为了保证项目的质量和延续性，朱迪斯特地安排同事马蒂尔（Martie）负责这个项目。马蒂尔不负所望，在全面负责这个项目的同时，细心、耐心地教会了一届又一届的学生如何准备个人简历、如何得体着装、如何参加人才招聘会、如何掌握面试技巧、如何寻找工作并洽谈工作条件、如何成功完成工作等方方面面的知识和技巧。朱迪斯说：“马蒂尔在这个位置一直忠心耿耿地干到退休。”随后，她又补充说：“这个项目虽然是由我首创的，但是马蒂尔发展了它，而且干得非常出色。”

在着力更新教员队伍、改革课程设计、更新教学模式的同时，朱迪斯在任期间的工作重心之一是加强对学生的招生、教育和培养。朱迪斯在2002年提交校董事会的述职报告中说："1997年秋天，大学的入学率大大下降，因此造成了严重的预算短缺……我组织了包括行政管理人员、其他教职工和学术代表在内的招生管理小组，让大家正视这个问题，并在随后开始实施一些创新性的录取和保留学生举措，我们还征集信息以了解这些措施的影响，推动了招生管理工作的发展。"作为招生管理工作的起始阶段，招生管理小组为高中生举办校园开放活动，让这些未来的大学学子了解圣文森山大学，同时他们认真审议录取工作，仔细检查录取步骤的每一个环节，努力完善工作。新生被录取以后，招生管理小组会在第一学年跟踪所有学生的情况，从他们入学开始就给他们提供与学习和生活相关的各种信息，分享他们所关心的各种事宜。招生管理小组还改革了"保留学籍管理规定"，"保留学籍警告"项目被延长到冬季学期。在学生住宿方面，朱迪斯说："在我的指导下，学生会研发了一个'学生成功项目'，以解释学术禁令政策对学生居住的消极影响。它也有积极的方面，学生会把这对内向董事会和学院理事会报告，对外向国家、国际会议报告。"

1998年，朱迪斯领导的招生管理小组根据学生们的反馈意见，与学生们共同商讨，重新审核了学生宿舍来客到访规则，解除了酒精禁令，并扩大了男生宿舍的公共空间。

在招收学生时，朱迪斯和她领导的招生管理小组尤其注意国际学生的招生和培养。朱迪斯说："当我加入圣文森山大学时，国际学生的入学率下降，我们的国际学生对服务也不满意。我相信今

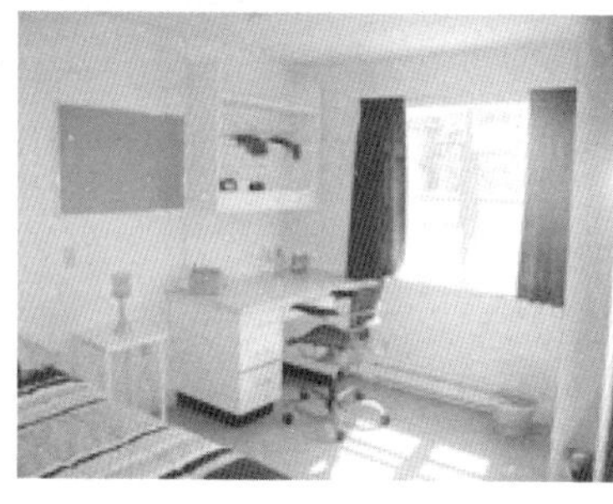

圣文森山大学的学生宿舍（图片来源：http://www.strong-study.com/images/uploads/College/MountSaintVincentUniversity/S_20101219222031）

天世界上所有的大学都给学生和教师提供了国际交流的机会。我开始加强国际活动，活动包括：与百慕大、墨西哥和中国大学签订学术合作协议；改进招收国际学生的措施；完善对国际学生的服务；加深发展国际远程教育项目；我起草了一项综合的国际计划，这为完成我们的长期目标设定了针对性策略。此外，我努力建立合作关系以提前完成蓝图中设定的目标，我从更广泛的文化地理领域吸引学生，提升圣文森山大学的国际形象，使之成为分散式学习的先锋。”

朱迪斯回忆说：“我成立了第一个招生管理团队，想出策略来应对招生挑战，调整学校的形象、招生方法和学生保留指数。结果，3年中学校的招生人数增加了15%，而且与本地区的招生人数持平；我还设想了一份国际化计划，重点强调招生、合作伙伴关系和项目；国际学生的人数增加了，与中国、泰国、墨西哥和加勒比国家建立了联系，教员和学生可以互换，开展盈利回报项目。我参加了好几次国际使团：1998年，前往中国的三所女子大学；2000年，随市长贸易使团去了哈利法科斯在墨西哥的姐妹城市康帕奇（Campeche），并签署了学术合作协议书；2001年，随同加拿大总理贸易使团去了中国内地和香港，在那里的几所教育机构召开会议；还去了泰国大学，为来自泰国的系主任们担任导师。”

1998年朱迪斯参加了由加拿大大学及学院联合会（ACUC）组织的代表团，到中国访问。中国教育部根据圣文森山大学的特点，向朱迪斯推荐了三所女子学院，经过一番接触，最后朱迪斯和南京师范大学的金陵女子学院签署了合作备忘录，建立了实质性的合作关系。

金陵女子学院成立于1987年，她的前身是蜚声海内外的金陵女子文理学院（简称“金女大”）。1913年，美国浸礼会、监理会、长老会等教会在南京筹建第一所女子大学——金陵女子大学，成立了校董事会，由曾经在湖南长沙教会中学任教的德本康夫人（Mrs. Laurence Thurston）担任校长，1915年9月17日，金陵女子大学正式开学，首届学生11位，来自4省9市。1928年8月，赴美留学的金陵女子大学第一届毕业生吴贻芳回到祖国，接受校董事会的聘请，就任校长职务长达23年。如今，金陵女子学院是江苏省唯一一所女子学院，也是全国办学层次最高的女子学院，承担着女子高等教育、妇女研究和对外交流等多重任务。[①]

① 参见南京师范大学金陵女子学院网页介绍，http://www.jinling. Njnu.edu.cn。

2002年朱迪斯和孙子朱利安在家中烘制蛋糕

1998年朱迪斯与金陵女子学院建立合作关系以后，与金陵女子学院分管外事工作的副院长刘慧君女士一直保持联系。[①]2001年她到访中国上海期间，特意邀请刘慧君女士参会，刘女士在给她的回信中说道："我很高兴并荣幸地接到参加上海招待会的邀请。感谢您邀请我，对能被引荐给您的领导我非常荣幸。还有我也会利用本次机会与你谈谈交换项目的事。"2002年刘慧君女士到圣文森山大学访问时，朱迪斯热情地邀请她在自己家中住了一个星期。朱迪斯对在圣文森山大学工作和读书的其他金陵女子学院的师生也同样照顾周到。金陵女子学院曾经派出一位名叫Jessica Chou[②]的学生到圣文森山大学攻读研究生学位。这名女生住在校外民居中，钱物遭窃。朱迪斯通过其他中国留学生得知这个消息以后，第一时间找到惊恐不安的Jessica，先把她安顿在自己家中，随后又亲自帮这名女生找到安全的住处。Jessica在圣文森山大学获得硕士学位后，朱迪斯又推荐她去自己的母校麦吉尔大学攻读博士学位。如今，已经结婚生子并在多伦多定居的Jessica每年假期都会来看

① 由于笔者曾在南京师范大学工作过，2013年笔者采访朱迪斯时，朱迪斯特地提到她与刘慧君女士的友谊，并通过笔者与已经退休的刘女士重新取得了联系。

② 此处笔者只用英文名，省略中文名，以保护他人隐私。

望朱迪斯，两家人处得像亲人一样。

Jessica只是得到朱迪斯照顾的众多国际留学生中的一个。确实，许多留学生都把朱迪斯看作像妈妈一样的亲人，而不是高高在上的大学校长，总会在遇到困难的时候寻求她的帮助，在欢乐的时刻期盼她的分享。在朱迪斯的重视和带领下，圣文森山大学吸引了许多海外学生。学校建立了国际学术辅导中心，负责国际学生的有效联络，并为他们提供特别辅导和服务，如组织和安排机场接机等。此外，还为国际学生安排指导教师，设立写作资源中心、顾问、职业计划、学生特殊服务援助、学习技能培训、学习辅导、医疗保健和诊所、住所和财政资助、校内牧师、学生就业课程、同伴互助计划等一揽子服务。如今，该大学的海外留学生来自世界60多个国家，多元文化构成了校园文化的一个主要特色。

2000年朱迪斯带领国际学生在哈利法科斯一家农庄采摘西红柿

2001年2月9—18日，朱迪斯随同“加拿大国家队”再次访问中国。这个“国家队”是加拿大政府组织的一次大型中国行。团队成员出访了北京、上海和香港，在农业、能源、电信和环境保护等多个方面与中国高层领导进行了磋商和会谈，中国、加拿大和美国的多位发言人在“中加农业合作项目”、“中国的信息革命：机遇与挑战”、“能源在中国——未来之策”、“中国绿色事业：环境技术与服务的定位”、“信息科技在教育中的作用”、“阅读、写作与改革——中国教育市场新面貌”、“建筑材料：中国的市场与机遇”、“煤炭与金属：中加煤炭产业合作——黄金合作”、“追逐星空：中加太空合作”等十多个分会场中做了发言。以“中加农业合作项目”分会场为例，时任农业部副部长刘坚、农业部国际合作司司长唐正平、加拿大小麦局克雷格·埃里森、加拿大牲畜局悉尼·帕尔马和中粮集团有限公司的相关人员出席了会议；在“能源在中国——未来之策”会场中，时任中国国家环境保护总局局长解振华做了主题发言，甘肃省副省长郭昆出席会议。在加拿大方面，亚洲发展银行驻华常驻代表布鲁斯·穆里、中加贸易协会会长阿尔·达科、SNC公司的马克·奥斯塔曼和环境加拿大公司总裁唐·法斯特出席了会议。

回到加拿大以后，2001年6月6日朱迪斯收到时任加拿大总理让·克雷蒂安（Rt. Hon. Jean Chrétien）的亲笔签名信，表扬了朱迪斯的出色工作，并期望得到朱迪斯等参会人员的进一步反馈。信中写道：

> 亲爱的伍兹沃斯博士：
>
> 我代表外交部和国际贸易部感谢您参加加拿大团体中国行，这是加拿大政府组织的最大的一次中国之行，取得了无可比拟的成功，这很大程度上归功于我们商业代表的才干。包括您在内的商业代表们致力于加强加拿大与中国的关系，促进加拿大与中国的专业技术交流。
>
> 在北京、上海、香港的访问过程中，600多家加拿大公司代表得到近15亿美元的创纪录的交易价值。一万多人参加了加拿大团体接待会和商业会议，毫无疑问是被加拿大的做事风格吸引：我们在强调关心中国农业收入、中国东西部差距和中国

人力发展时向他们展现了北美科技。之前还从未有过这么多来自中国各地的官方人员会见外国官方和商业人士。在所有的经济强国中，加拿大显然已经成为与中国关系最密切、最稳定的一个。

这项活动有如此的影响，很大程度上归因于所有参与者的密切合作。在加拿大总理、省级和地级政府领导的带领下，市政级领导也扮演着重要角色，每位参与者都感受到了集体力量的重要性。我们见证了强大的政府代表致力于打开商业机会之门的力度，比如下面这件小事：在上海的一个电梯上，一个美国人给他的中国同事看让·克雷蒂安总理和江泽民主席在《上海日报》早间版的合影，并说"我实在不能理解一个经济与加利福尼亚州相匹配的国家可以在这儿吸引如此多的注意力"。

本次活动的成功表明了我们在国际舞台上的产品和服务质量，还验证了我们对世界日益扩大的开放度。再一次，我们见证了政府与特区之间卓有成效的合作的益处。我希望在您的带领下，其他加拿大人未来也能加入到令人感兴趣的，甚至令人兴奋的贸易事务中来。

我们已经开始了后续工作，我很有兴趣知道您对于本次活动的体会和看法，也希望收到您关于这次会议的印象以及对网络工作、媒体报道和这次任务后续工作的看法。

2001年8月29日，在曼谷的暹罗洲际酒店举办了"泰国大学管理人员培训"项目导师工作坊（Mentors Workshop and Orientation Thai University Administrators Shadowing Program，TUAS）中，朱迪斯作为培训教师之一，向与会者介绍了圣文森山大学成功的行政管理经验。她首先提到，圣文森山大学取得的成就源于它清醒地意识到加拿大高等教育发生的变化：加拿大的高等教育毛入学率由1981年的30%变成2000年的50%，这个数据说明加拿大的高等教育已经从大众化教育变成了普及型教育。在这种时代大背景下，大学的功能必然要发生相应变化，即由原先的传播知识、多方面提高知识水平的单一功能进化为适应产业、商业、军事等社会多方面需求的功能，因此高等教育机构既要与研究机构合作，也要与企业、政府机构和媒体等部门合作。朱迪斯本人于2001年年初参加“加拿大国家队”的中国行就是出于适应大学新功能的考虑。能否应时而动，建立一所顺应形势发展的现代化大学是身处21世纪的圣文森山大学近期工作的重中之重。朱迪斯认为评价一所现代大学的标准有以下4个方面：“无限性——海内外学生的国际体验；灵活性——实时学习；独立的企业化管理——从私人领域（如产业、校友、学生）寻求赞助；通过战略联盟方式优化自身，获得广泛认可”。她提出以下6个策略以建设现代化的圣文森山大学：“1.成为致力于知识传播和能力提升的杰出机构；2.吸纳来自不同文化地域背景的杰出学生；3.确保学生在有高度保障的个性化学习环境中获得成功；4.提升圣文森山的国际知名度和曝光率；5.成为远程学习的先驱；6.为创新教育的发展和进步提供伙伴关系。”朱迪斯还特别强调了“人力资源”，因为人是一所大学成功的动力和关键因素。她认为以下5个方面可以检验一所大学的人力资源工作是否成功：学业优异——学生成功；远程学习领先——吸引优秀学生；国际化——先进的合作伙伴关系；科技创新；校园与设备发展。朱迪斯举例说远程学习可以为学生提供个性化和国际化的成人教育，正如圣文森山大学的招生公告中所说的："无论你是住在学校还是远在地球的另一半，我们的远程教育项目都能提供灵活的方式，帮助你取得学位。"

2001年朱迪斯在泰国参加TUAS导师工作坊

朱迪斯在"泰国大学管理人员培训"项目导师工作坊中的讲座，系统梳理了她本人1997—2001年在圣文森山大学的工作，并将它们加以理论化处理。此时，她隐隐地意识到现有的舞台有些小，她可以也应该在更大的舞台上实践自己的教育理念。她根据多年形成的习惯，一方面继续脚踏实地、认认真真地做好手头的每一件事；另一方面睁大眼睛，寻找可能的机会，因为她相信美国开国元勋托马斯·杰斐逊的一句名言："我付出的努力越多，得到的好运也越多。"

第五章　劳伦森大学校长：芳林新叶催陈叶

The soul should always stand a jar. Ready to welcome the ecstatic experience.

Emily Dickinson

灵魂总是要微微半开，随时准备迎接那令人着迷的体验。

艾米丽·狄金森

21世纪在人们的争执声中如期而至，虽然一些具有强烈宗教信仰的人怀着敬畏之心甚至是恐惧之情等待着上帝的千年审判，不过对于大多数人而言，千禧年还是值得期待的，它代表了新的希望、新的转机、新的改变。

到2001年，朱迪斯已经在圣文森山大学担任了5年的副校长，5年的行政管理经验极大地拓宽了她的视野、增长了她的才干，她依然勤勉地从事着每一项工作，但内心却开始觉得副校长这个平台略显狭小，不足以全面展示她的决策能力和协调才能。恰逢其时，一位猎头顾问找到了她，邀请她申请劳伦森大学（Laurentian University of Sudbury）的校长职位。在担任了5年学术型副校长以后，朱迪斯再次挑战自我，向着更高层次迈进。2001年12月，朱迪斯被任命为劳伦森大学未来5年的校长，任期从2002年7月开始。

异地迁徙 初识多元文化

2002年6月，朱迪斯如期履约，来到加拿大安大略省东南部城市萨德伯里（Sudbury）的劳伦森大学。“劳伦森大学和萨德伯里市非常适合我，在这里我的个人生活、职业生活和学术生活完全汇聚到了一起。”朱迪斯这样回忆说。

坐落在休伦湖[①]乔治亚湾北岸的萨德伯里，位于多伦多的西北部，两城相距约370公里，是加拿大最重要的一座矿业城市。1883年加拿大太平洋铁路修筑至此，在此设站。当时修筑铁路的主管詹姆士·华盛顿（James Washington）为取悦自己的爱妻，以妻子在英国的出生地萨福克郡的“萨德伯里”市命名这一地区。其实，那时的萨德伯里只不过是加拿大筑路工人的一个临时营地而已。

萨德伯里市中心（图片来源：http://en.wikipedia.org/wiki/great-sudburry）

① 休伦湖（Lake Huron）是加拿大与美国交界处的五大淡水湖泊之一。按面积从大到小，这五大湖泊分别为：苏必利尔湖（Lake Superior）、休伦湖（Lake Huron）、密歇根湖（Lake Michigan）、伊利湖（Lake Erie）和安大略湖（Lake Ontario）。除密歇根湖属于美国之外，其他四湖为加拿大和美国共有。这五个湖泊所组成的五大湖是世界上最大的淡水水域，总面积达245660平方公里，有北美洲地中海之称。

萨德伯里地区的镍金属储量达560万吨。在国际矿业界，萨德伯里历来以“镍都”之名而著称于世[1]；除镍以外，萨德伯里还富含铜等矿藏，铜金属储量1000万吨，还出产贵金属以及钴、硫、硒、铁等矿产品。

尽管萨德伯里是世界著名的镍都，坐落其间的加拿大国际镍有限公司是世界最大的镍生产者，但相当长一段时间里加拿大人甚至南安大略人都瞧不上又穷又破的萨德伯里，因为那时的采矿业并不重视环境保护，开采的裸露地皮随处可见，加之萨德伯里地处盆地，开采扬起的灰尘不容易随风飘走，所以天空常常是灰蒙蒙的，坑坑洼洼的地面随处可见，路上的行人不免“满面尘灰烟火色”，所以人们常用“月球景观”来形容萨德伯里的阴郁和荒凉。

但近些年来，人们对萨德伯里的印象开始改变了，萨德伯里人非常注意将城市生活和自然环境完美地结合起来，萨德伯里区因为成功的环境政策而赢得了许多国际、国内的奖励，其中，萨德伯里地区的土地复垦计划已经成为联合国频频表扬的典范。如今，萨德伯里遍地植树，又开发了许多公共绿地：在萨德伯里市周围60英里以内，有5座省级公园。仅1996年，萨德伯里区植树即达200万株。人们还很好地保护了当地300多个湖泊，利用它们来净化空气。当然，他们也善于运用湖泊来娱乐自己：春夏秋季，清澈的湖面上到处可见各种帆影；冬天，结冰的湖面又成为天然的溜冰场。据大气监测记录显示，萨德伯里是安大略省阳光最为灿烂的地区之一，其大气污染程度远低于临近的多伦多和汉密尔顿。应该说，注重环

---

① 萨德伯里镍矿是世界第一大镍矿藏基地，第二大镍矿藏基地位于中国甘肃省金昌，故中国的金昌也被称为“镍都”。

保的萨德伯里市为人们提供了舒适宜人的自然环境。

萨德伯里也为当地居民提供了方便快捷的交通和丰富多元的人文环境。现在，萨德伯里不仅是一座著名的矿业城市，同时也是一座充满活力的交通和科学文化中心。四通八达的铁路、高速公路和航空运输缩短了萨德伯里与加拿大各地及世界各地的空间距离。丰富的文化资源也成了萨德伯里的城市名片：劳伦森大学和博莱尔学院（Collège Boréal）里坐落着萨德伯里市的三个主要博物馆，分别是劳伦森大学博物馆和艺术中心、面粉磨坊博物馆、铜矿博物馆。每年萨德伯里都会举办电影艺术节（Cinéfest，9月举办），庆祝艺术节，大蒜、蓝莓丰收节等多种多样的文娱活动。在萨德伯里地区，英语是主要语言，同时法语也被广为使用，还有原住民印第安人，充分体现了文化多元、种族杂糅的特点。此外，为了摆脱单一的经济模式，自20世纪60年代以来，萨德伯里市有意识地增加医疗、通信、机械、旅游、市政及其他产业的从业人员，降低矿业在该市经济结构中所占的比例。可以说，萨德伯里市正以传统矿业产业与创新产业同时发展的崭新姿态，出现在世人面前。①

来到萨德伯里以后，朱迪斯发现这里是一个非常独特的地方，她为之服务的劳伦森大学是一个非常特别的学校。在她看来："劳伦森大学作为萨德伯里地区最大的公共机构，使用英法双语，是具有盎格鲁—撒克逊、法兰西和印第安三重文化的大学，它处于一个具有较长历史的多元文化社会，一个满是岩石和矿井的社会，几乎

① 对萨德伯里的介绍引用了"百度知道"和维基百科的相关内容，详见http://zhidao.baidu.com/question/273915471.html，http://en.wikipedia.org/wiki/great-sudburry。

劳伦森大学一角（图片来源：http://studyabroad.tigtag.com/schoolfile/51350.shtml）

可以说是加拿大国家的缩影。”她对笔者提及，劳伦森大学的多元文化背景是吸引她就职的一个重要原因。她说：“校园里升起的四种旗帜让我感到很自豪。这里不仅有加拿大国旗和安大略省旗，在它们的旁边还有安大略法语社区旗以及所在地土著居民阿尼史那乌贝人（Ojibwe people，or Anishinaabe people）的旗帜。”

在笔者看来，劳伦森大学多元文化的特色正好契合了朱迪斯的成长背景和教育背景：她出生于一个匈牙利犹太人家庭，成长在温尼伯的移民社区，接受的高等教育是法语训练和法国文化熏陶，从事的是跨文化传播的翻译研究，她的两任结婚对象都是英国移民：帕特里克的母亲是英国人，林赛的祖父辈是从英格兰移民到加拿大的；朱迪斯精通匈牙利语、法语、英语等多种语言，深谙东欧、盎格鲁—撒克逊和高卢文化，对印第安土著文化也抱有浓厚的兴趣。朱迪斯自信地认为她可以接受多元文化社区的挑战，同时她也愿意随时随地敞开心扉，“迎接那令人迷醉的新的体验”，在劳伦森大学这个特殊的社区建立起文化沟通的桥梁。

但是她很快发现，成为校长，尤其是成为劳伦森大学的校长，意味着要接受更为严峻的挑战。这种挑战并非隐性的多元文化的挑战，她首先面临的显性的挑战便是如何应对大学生源的减少。在朱迪斯2001年加入劳伦森前不久，因为城市人口自然减员，加之一些年轻人到多伦多等大城市寻找工作，萨德伯里的人口从16.5万减少到15.5万，劳伦森大学的招生人数出现下降态势，当时劳伦森大学只有3700名全日制学生、1500名非全日制学生。入学率的下降直接导致学校收入的锐减，学校因此陷入了财政危机。

萨德伯里的城市名声对于打造成功的大学也是一个很大的挑战。作为矿业城市，尽管萨德伯里在过去的30多年间不遗余力地改造环境，绿化、美化城市，并取得了很大成就，但是一直未能摆脱长久以来形成的负面印象，有些人一提到萨德伯里依然会习惯性地将它和“月球景观”联系起来。朱迪斯发现，这里居民的心态是矛盾的，他们既具有强烈的自豪感，又存在着集体的自卑感，他们为萨德伯里市的美丽景观和取得的成就而自豪，却也因负面评价而感到无能为力。如何改变社区民众的心态，在吸引师生、引来投资、发展学校的同时保留并继续彰显劳伦森大学的多元文化特色是朱迪斯这位新任校长面临的巨大挑战。

2002年朱迪斯在劳伦森大学和国际学生一起庆祝圣诞节

应对危机 作出果敢决策

朱迪斯到劳伦森大学上任之前就已经做好心理准备，她知道，与圣文森山大学学术型副校长相比，作为劳伦森大学的执行总裁兼学术评议会主席及管理委员会的一名成员，她的工作范围扩大了，既要为学术也要为管理事务规划战略发展方向。职责增加了，相应地压力也更大了。

身为劳伦森大学的新任“掌门人”，朱迪斯上任的“第一把火”是应校管理委员会的要求，开发出作为学校未来5年发展蓝图的《战略计划：追求卓越》，并在广泛咨询的基础之上设计了详细的履行方案。这是劳伦森大学开发的第一份战略计划[①]。它从学生参与及满意度、国内识别度、选择该校的理由、社区回应以及机构优势五个方面分析了劳伦森大学的发展现状，制定了今后5年整所大学的努力目标和前进方向。朱迪斯高兴地告诉笔者："该计划在我任职的第一年就获得了学术评议会和管理委员会的赞同。"与此同时，应管理委员会的要求，朱迪斯开发了与这份战略计划相配套的战术细节，在2002—2007年的第一个任期内带领她的团队和同事们直面挑战，完成了多个划时代的事件。

2003年朱迪斯与当年入校的新生在一起

朱迪斯认为所有大学之间都存在竞争：有些是学校规模的竞争，如大型综合型大学和小型专科型大学之间；有些则是地域的竞争，如设在举世闻名的国际化大都市内的大学和偏隅一角、建在小城镇且较偏远地区的大学之间。对劳伦森大学而言，它的规模不大，地理位置也不占优势，尤其又曾有过"月球景观"的不良名声，

① 利用谷歌搜索引擎可以找到劳伦森大学《战略计划：2012—2017》。

如何与它的近邻如多伦多大学等更大型、更知名的学校争夺学生、教师和资源呢? 在《战略计划: 追求卓越》中朱迪斯提出的解决之道是以学科为本，增设新的专业方向和学科项目，在吸引学生的同时在全国范围内提升学校的知名度。

为此，朱迪斯上任伊始就致力于加强院校间的合作。她首先策划与湖首(Lakehead)大学合作，成立北安大略医学院。朱迪斯与湖首大学校长一起指导各自学校的财务总监设计了预算资金，又共同监管了医学院大楼的建筑设计。此外，她还未雨绸缪，和劳伦森大学的相关教工共同研究，为即将设立的医学院制定了管理政策、行政流程和学术流程。朱迪斯对笔者回忆说:“当时我面临着不小的压力。为了说服持不同意见且又有些激动的同事，坐在办公桌后面的我一手紧紧摁住因紧张而痉挛疼痛的胃部，另一手平静地放在桌面上，假装若无其事，平静地继续与他们讨论。”

2003年朱迪斯为即将成立的医学院选取了地址，并于当年3月为医学院的新教学楼举行了破土动工揭幕仪式。出席揭幕仪式的有加拿大总理、北方矿业发展部部长、萨德伯里市市长及许多劳伦森大学和国家成果测量系统董事会的成员们。在揭幕仪式上，医学院项目再次得到政府的支持: 时任总理重申了政府对学校的支持和财政承诺。2004年北安大略医学院成立，随后于2005年招收了首届学生。此前整个安大略省只有麦吉尔大学设有医学院，北安大略医学院的成立极大地提升了劳伦森大学在安大略省和整个加拿大的知名度。从2005年医学院开始招生到2008年朱迪斯离开劳伦森大学，这所医学院的各项指标都在加速地完成，学院也在满负荷运转。为了加强对医学院的管理、及时了解这所新学院的各项运行情况，工作繁忙的朱迪斯自加压力，担任该学院的副院长及领导委员会主任。她介绍说："我的职责之一是完成并评价学院院长的工作。"

除了与湖首大学的成功合作，劳伦森大学还与其他五所安大略社区学院合作，共同开发护理计划；并与距离萨德伯里200英里外的佐治安学院的巴里和奥瑞里校区合作，共同授予大学学位，此事为劳伦森大学赢得了"突出伙伴关系奖"，而朱迪斯本人则获得了佐治安学院管理委员会研究员的职位；劳伦森大学还与蒙彻纳应用健康科学学会和萨德伯里癌症治疗中心共同完成辐射治疗项目；与北方科学博物馆共同授予研究生学位。

与她在圣文森山大学的理念相仿，朱迪斯认为21世纪的现代大学不仅要加强院校之间的合作，还应积极创造机会，加强与政府和公司的合作。在她的倡导下，劳伦森大学于2007年成立了矿业革新卓越中心。由于劳伦森大学地处镍矿之都萨德伯里的市中心，长期以来一直与采矿产业有着密切的联系，是加拿大唯一一所校园坐落于矿业和冶金中心的大学，也是加拿大仅有的几所开设采矿工程学专业的学校之一。在朱迪斯就任劳伦森大学校长之前，劳伦森大学曾与威利特·格兰矿业公司（Willett Grenn Mill）合作，成立了一所不以营利为目的的应用研究和技术支持研发中心。该中心的内容之一是开展田野调查，即对矿物位置和矿物环境的协作性开展半自治的研究和教学活动，同时培养和训练具有高度职业素养的矿业从业人员。2007年成立的矿业革新创优中心是劳伦森大学与企业实体的又一次合作。2007年1月，艾恩·罗斯在《北安大略贸易》报纸上发表名为《Xstrata公司[①]赠予矿业研究中心500万加元》[②]的文章，报道说："Xstrata公司镍矿因其捐赠给劳伦森大学矿业革新优化中心500万加元而与其在萨德伯里地区的竞争对手CVRD-Inco公司[③]打了个平手。2006年12月18日，Xstrata公司副总裁麦克·罗曼努克给劳伦森大学校长朱迪斯·伍兹沃斯签署了一张支票。该中心将集中研究关键地区的矿业开发、矿区遥控机器人技术、深矿采集和环境回收等项目。"朱迪斯对这所中心的成立起到了关键的推动作用：她为该中心赢得了政府和工业基金的两千万资助，此外，她还聘用了该中心的执行总裁；同时，尽管公务繁忙，她还兼任该中心的主任基金会主席。矿业革新优化中心的成立为完善安大略省的环境与经济、拓展知识前沿发挥了重要作用。

在朱迪斯和同仁们的努力下，劳伦森大学还增设了包括地质学、北极生态学以及北方和农村卫生等在内的6个博士学位项目，极大地增强了学校的学科密度，拓展了研究深度，扩大了研究空间，与这些项目配套的校园基础建设也如火如荼地建设了起来。

作为学者出身的大学校长，朱迪斯感到特别高兴的是，随着新

---

① Xstrata公司，著名矿业公司，该公司在加拿大萨德伯里地区投资镍矿，2009年初投产，最大产能为125万吨/年。

② Ross, Ian, "Xstrata Gives $ 5M for Mines Research Center", In *Northern Ontorio Business*,Jan2007, Vol. 27 Issue 3,1/4p.

③ CVRD-Inco公司，著名矿业公司。据2007年10月31日《中国铁合金在线》报道："Xstrata公司……计划年底以前完成与CVRD-Inco共同开发萨德伯里地区镍矿的谈判。目前双方都有意合作开发镍矿，但是还没有签署最终的协议。双方可能以资产互换或者成立合资企业的方式进行合作，或者是Xstrata从CVRD-Inco位于萨德伯里地区的镍矿获得加工原材料。"详见：http://www.cnfeol.com/news/external_summary/20071031/10235419922.aspx。

2004年朱迪斯慰问在矿井中实习的采矿工程专业的学生

2003年朱迪斯在实验室中和学生一起做实验

的学科项目的出现，劳伦森大学的研究基金开始放量增长，从2003年的900万增加到2006年的3800万加元。2007年劳伦森大学在加拿大研究信息资源公司的“研究基金的增长”项目调查中排名第一，比上年度增加了133%。

同样让朱迪斯欣慰的是，在2002—2007年期间，教工人数增加了27%，新增教员总数达到将近50%。朱迪斯担任校长期间，制定了一套行之有效的办法，吸引人才，稳定教师队伍。从地理位置来看，劳伦森大学仍然偏于一隅，但是，随着影响力的增加，它吸引了越来越多的英才加入。

自朱迪斯任职以来，劳伦森大学员工人数不断增加，在2005—2006年达到了空前的高度：

年份	全职	兼职	所有员工数
2002—2003	4106	2200	6306
2003—2004	4896	2756	7625
2004—2005	5939	2270	8209
2005—2006	6379	2255	8634

中国有句俗语：“种得梧桐树，引来凤凰住。”大学的根本在于人，尤其是学生。朱迪斯借鉴她在圣文森山大学的招生管理经验，又结合萨德伯里市和劳伦森大学的特点，在劳伦森大学组建了一支由行政管理人员、教工和学生代表组成的招生管理小组，开展了声势浩大的招生宣传和管理工作。朱迪斯通过问卷调查发现，与温尼伯大学的情形一样，萨德伯里的高中毕业生之所以选择劳伦森大学主要是听从了已经在该大学就读的往届中学校友的意见。了解

到这一情况以后，2002—2003年，朱迪斯和她的同事们深入萨德伯里的各个社区，打出广告、摆出宣传海报、准备好宣传手册，做好招生宣传工作；同时，这支招生管理小组还特地安排一些学生志愿者，让他们重返中学母校，用自己在劳伦森大学就读的亲身体会来劝说和动员学弟学妹们报考这所大学。为了让这些学生志愿者达到更好的宣传效果，劳伦森大学还资助这些学生志愿者回到高中母校，为即将升入大学的中学生们主办“为你送行”晚会，其实相当于提前欢迎未来的新生；招生管理小组还通过某电话中心的年度活动颁发“校友识别奖”。这些形式多样的温馨举措拉近了劳伦森大学和潜在生源的距离。为了赢得周边邻居的理解、获得他们的支持，劳伦森大学招生管理小组和发展办公室还为学校周边房屋的主人举办“邻居之夜烧烤聚会”、“校长高尔夫球赛”、“校长舞会”等活动，身为校长的朱迪斯会亲自出席，利用活动之际向邻居们介绍劳伦森大学的战略计划及学校与周边地区的双重利益计划，以取得周边居民的支持和理解。

显然朱迪斯及其团队的工作取得了良好效果，从2003年开始，新生入学率下降的趋势停止了。2002—2006年，劳伦森大学的招生人数增加了44%，同一时期安大略省各高校的招生增长平均数为22%，劳伦森的招生增长率是平均数的两倍。与她在圣文森山大学采取的措施一样，劳伦森大学通过小班化教学、共同学习和其他服务项目丰富了学生校园生活，也提高了学生的留校率。

除了与学校团队共同合作以外，身为校长的朱迪斯总会在不知不觉中发挥自己的个人魅力，施展自己各方面的才华，积极参与学生的各项活动。朱迪斯刚到劳伦森大学不久就发现许多学生在学生超市购买现成的速冻食品果腹，更有学生每日以土豆片、士力架等热量高却没有多少营养的快餐食品来糊弄自己的胃。她很奇怪地问学生："为什么不自己做饭呢？"学生振振有词地回答："我们太忙了，没时间。自己做饭太耗时间!"转眼到了周末，朱迪斯特地约上上次交谈的几位女生，与她们一起从超市买来新鲜食材，然后到学生宿舍的公用厨房现场教学。她挽起衣袖、戴上围裙，洗菜切菜，点火烹制，一个步骤一个步骤地为学生们演示如何准备简便易做又营养丰富的餐点。朱迪斯说："这样的现场教学我干了好多次!"在朱迪斯一次又一次的实地演示中，学生们惊奇地发现其实自己动手做饭和加工速冻食品所费的时间差不多，而且营养更均衡，除此之外，还能省下不小的一笔伙食费。渐渐地，这些学生就成了"大厨"朱迪斯的支持者，亲自体验下厨的乐趣时还不忘向其他同学宣传朱迪斯的主张。

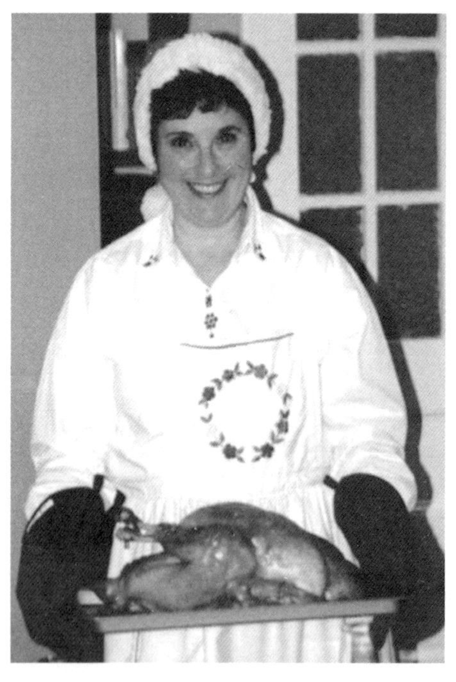

2004年圣诞节晚会上"大厨"朱迪斯亲手给国际学生烤制的火鸡

作为一名音乐爱好者，朱迪斯热心支持校园内外各种音乐活动，并帮助劳伦森大学的学生成立了一支风笛乐队。为了展示风笛乐队的风采，2007年朱迪斯为这支风笛乐队举办了一场晚会。

朱迪斯与风笛乐队的成员在一起

2007年朱迪斯参加苏格兰晚会

她特地购买了一段与苏格兰旗帜的颜色相同的蓝色格子呢，请人裁制成苏格兰格子呢半身裙，然后又去商店购买了与短裙颜色相匹配的羊毛开衫、船型皮鞋、项链和耳环，捧着自己亲手烤制的火鸡，跟在风笛手的游行队伍中沿教工活动中心绕场一周。有了如此精心的准备，这场晚会当然取得了极好的效果。晚会那天所有到场人士都穿上了极富英伦特色的格子装，包括林赛，站在朱迪斯身后的他，含蓄地戴了一条红色小方格领带①。

2005年朱迪斯与学生一起参加独木舟比赛，右二着蓝衣白背心者为朱迪斯

在体育运动方面，朱迪斯也尽其所能地给予学生帮助。作为一名体育运动爱好者，尤其是船桨运动爱好者，她参加了学生龙舟队，并定期帮助教练向学生们传授怎样挥桨可以更好地控制龙舟

① 林赛的祖先是从英格兰移民到加拿大的，英格兰旗帜的颜色是红色。

的速度和方向；同时，她还参加了学生独木舟俱乐部，2005年参加了学生会组织的独木舟大赛，喜获“学会划船项目”比赛的金牌。

经过精心设计，通过各种各样的活动，朱迪斯拉近了与学生的距离，和她的团队一起吸引了更多学生的加入。朱迪斯介绍说：到2008年她离任时，劳伦森大学的学生将近9000人，年度运营预算约为10亿加元，这真是质的飞跃。

积极参与　营造和谐氛围

在营造良好校园氛围的同时，朱迪斯也十分注意与劳伦森社区处好关系。如前所述，萨德伯里是一个极富印第安土著文化特色的城市，根据2006年加拿大的人口统计数据，萨德伯里的原住民占该市人口总数的6.1%[①]。作为一个具有多元文化背景的开明人士，朱迪斯在任职的第一年就带领劳伦森大学的整个执行团队拜访了学校附近的印第安保留区。她是萨德伯里大市区第一位到访“土著规划居住区”的校长。作为学校的行政主管，朱迪斯与劳伦森大学土著教育委员会保持着非常好的关系。她在任期间曾代表劳伦森大学为一个土著识字营提供经费支持，这个识字营是由安大略省前副省长巴特勒曼出资赞助的，朱迪斯曾陪同他去詹姆斯湾的土著居住区视察。结果，种瓜得瓜，劳伦森大学的土著学生服务和土著学术项目都得到了加强。

作为一名客观公正的大学领导，朱迪斯为了保持劳伦森大学

① 参见维基百科，http://en.wikipedia.org/wiki/Greater_Sudbury。

朱迪斯加入了萨德伯里交响乐团，并参加了好几次演出

“双语、三种文化”的特色，在与原住民建立和谐关系的同时，也同讲英语和法语的两个族群及其他种族社区建立了良好的共生关系。根据加拿大2001年的人口统计数据，萨德伯里市80.1%的居民使用英语，16.3%的市民使用法语，讲法语的人口远远超出了安大略省2.4%的人口平均数。该市约90%的人口信仰基督教，其中罗马天主教徒占总人口的64.6%，新教徒占23.1%，其他教派的人口占总人口的1.6%，9.9%的人没有明确宗教信仰；此外，伊斯兰教徒、犹太教徒、印度教徒占了不足人口的1%。[①]她一方面定期召开市政厅会议，举办“与校长会面”活动，广邀市民参加在劳伦森大学校园内举办的各种活动和庆典，如劳伦森大学为学龄儿童举办的萨德伯里地区科学集市和遗产集市等活动。校园内举办这些活动时，朱迪斯都会抽空与参加活动的孩子和陪同他们的家长、老师聊上几句。

---

① 参见维基百科，http://en.wikipedia.org/wiki/Greater_Sudbury。

2004年劳伦森大学在安大略省首次举行了“女孩学工程”活动，旨在鼓励青年女性投身工程事业，朱迪斯在活动现场致欢迎辞。另一方面，她还努力融入社区生活，利用自己英语和法语的优势，回应讲英语法语社区的有关要求，参加这些社区组织的文化教育活动，如家庭读书日和小学的艺术竞赛、年度拼写比赛等。通过这些活动，劳伦森大学的社区得到了延伸。在众多市民的理解和支持下，劳伦森大学的校园扩展计划得以实施：增加了34.4万平方英尺的新空间，在2005年至2008年期间校园面积增加了26%；新的医学院大楼、宿舍和教育学院拔地而起；学校还增加了运动综合设施。当然，劳伦森大学的扩容也反哺了周边社区。可以说，在朱迪斯的精心营造下，劳伦森大学和它的周边社区获得了双赢。

2006年朱迪斯夫妇陪同劳伦森大学的科学家前往美国费城富兰克林博物馆接受荣誉勋章

扩大交流　开展国际合作

朱迪斯在2002年开发的《战略计划：追求卓越》中将国际合作视为一个重要内容。在她看来：

加拿大各高校都十分注重国际合作，积极吸收境外学生并输送国内学生，力求使大学教育面向世界，同时国际合作还要考虑筹措经费等多种因素。加拿大各高校均较重视海外教育市场的拓展，想方设法提高教学质量，完善教学设施，加强外国学生的招生工作。每所学校均设定了近期扩大国际学生招生数量和比例的目标要求，并且取得了较大成效。在如何提高教学质量方面，加拿大高校也在不断地进行着探索。加拿大高校还非常重视教师队伍的建设，提高师资水平，吸引人才，并根据学校发展需求，合理优化教师队伍结构。在具体的工作中，体现出了精于思考、工作细致、计划严密、制度严格的特点。

2004年朱迪斯在第二届世界大学女校长论坛上与主办方中国传媒大学校长刘继南（左二）交谈

2004年朱迪斯访问印度，与印度大学生合影

为了将劳伦森大学推向国际教育市场，使劳伦森大学更加国际化，朱迪斯在担任劳伦森大学校长期间积极开展对外交流。她在2002—2003年度工作总结报告中提到："在上一个年度的工作中，通过适合学生和全体教职员工交流与发展工作的合作协议，在国际上加大对劳伦森大学的宣传；监督国际学生的招募与服务；通过国外工作和学习机会使加拿大学生国际化；通过与加拿大世界大学

2004年朱迪斯在天安门广场留影

服务组织的联系，最大限度地为劳伦森大学提供机会。为了让我们的大学步入国际舞台、增加国际合作，我们签署了一系列的国际合作协议书。”

她参团去了以色列、中国、印度；与印度合作方签署了计算机科学合作项目；2004年她在北京召开的第二届世界大学女校长论坛上提交了论文，还在中央电视台教育频道的相关访谈节目中亮相；她还通过“加拿大世界大学服务中心”帮助避难学生；此外，作为“流亡中的作家”项目的一部分，朱迪斯通过笔会为一位非洲记者提供了庇护，并且让另一位避难者成为劳伦森大学的访问学者。在她锲而不舍、想方设法的多重努力下，2002—2007年劳伦森大学先后与世界20多所知名大学建立了联系。

朱迪斯尤其注重与中国的关系。她告诉笔者：截至2012年年

2004年朱迪斯在耶路撒冷

底，她曾先后11次访问中国，足迹遍布中国大江南北，她多次到访北京、上海、广州、南京、成都等大城市，她甚至还到过绵阳、大庆等中小城市，与国内多所大学建立了合作关系或签署了合作备忘录。

2004年9月，朱迪斯代表劳伦森大学参加了由中国传媒大学、全国妇联组织部和中央电视台合办的“沟通·合作·发展——第二届世界大学女校长论坛”。世界大学女校长论坛是由中国传媒大学首倡并主办，全国妇联组织部、中央电视台等多家单位参与合办的共商教育大势、展望女性未来的高端国际性教育论坛，自2001年至2011年已成功举办过五届。世界大学女校长论坛现已成为在国际高等教育领导层面开展交流合作的一个重要平台，也是全球大学女校长展现自身智慧与才华的一个重要舞台。

在第二届世界大学女校长论坛中，朱迪斯和来自世界各地的80多位著名大学的女校长们聚焦大学未来发展的一系列重要议题，包括发扬大学“世界精神”，增进大学间的学术交流；社会结构变化对大学未来发展方向的影响；建设新世纪的特色大学，塑造品牌大学；坚持大学学术性格，倡导大学为社会服务，促进学校与各界的沟通，畅谈跨文化交流合作的经验和体会。此后，深知这一平台重要性的朱迪斯又相继参加了第四届和第五届世界大学女校长论坛。

朱迪斯不仅多次到访中国，还多次代表她工作的加拿大校方接待中国大学代表团。2004年5月25日，中国人民大学代表团一行对加拿大的劳伦森等大学进行了工作访问，劳伦森大学校长朱迪斯·伍兹沃斯博士会见了中国人民大学代表团，代表团与人事处处长布兰克（Branko Rayakovich）博士就学校人事管理方面的问题进行了专项交流。晚上，代表团参加了劳伦森大学主办的“与科技

2004年朱迪斯应邀参加北京广播学院成立50周年暨中国传媒大学成立仪式

联络”（AMTEC）会议开幕招待会。[①]2007年4月29日江苏工业学院报道：“陈志刚校长应邀率一行七人的代表团成功访问了加拿大劳伦森大学。期间，代表团受到了劳伦森大学校长朱迪斯·伍兹沃斯博士的热情欢迎与接待，访问取得了丰硕的成果。”[②]

朱迪斯在她的第一届任职期间，在开展国际交流、拉近与社区的距离、吸引生源、扭转财务亏损、增设学术项目、增设校内建筑等多个方面取得了卓然不菲的实效。作为一名大学校长，朱迪斯的工作强度可想而知。在得到朱迪斯的允许后，笔者将她在劳伦森大学任上第一年的年度工作报告中“已完成的工作”部分翻译如下：

① 详见http://news1.ruc.edu.cn/102392/41067.html。
② 网页新闻详见http://www.jpu.edu.cn。

2005年朱迪斯和翻译其专著《穿越历史的翻译家们》的西班牙语译者留影

2002—2003年度校长工作报告

本报告呈于董事会主席Maureen Lacroix

1. 熟悉周边社区。

对于一位新任校长来说，结识并了解学校各个机构和周边社区的成员无疑是最大的挑战之一。在我上任之初，为尽快了解他们，我尽可能多地出席了校内外的各类活动，并用一些时间了解到了劳伦森大学目前面临的重大挑战和机会。

我参加了学生联谊活动、募捐以及体育活动，并且两次接受由学生运营的CK劳伦森大学广播台的采访。除此之外，我与学生综合联合会（Students General Association）和讲法语的学生委员会的咨询员有过几次正式的会谈，内容主要是关于学校就双重利益的准备情况，在会谈中，我一一回答了咨询员的问题。

为了解学校这个大社区的成员们，同时也为了分享信息、营造相互信任以及团结一致的气氛，本年度我先后举行了五次“社区会议”。五次会议地点以及中心话题都有所不同，但始终保持一致的着眼点，那便是为学校的战略计划献策。我还设立了“与校长对话”这一机制，凡是在工作时间，任何人都可以来我的办公室与我进行一对一的交谈，无须提前预约。

我上任之初，大家对我的热情让我十分感动。各类活动邀请接踵而来，我也尽可能多地接受邀请参加活动，下面所列即是我在这一年进行的一些公开演讲活动。除此之外，我也参与了一些公共讨论、社区活动和社会活动。

……

2. 结识董事会成员，互通消息以保证他们完成工作；以董事会的角色和责任为中心点，实施减少董事会干涉计划。

我尽自己所能，尽量多地单独结识董事会成员。但必须承认的是，这一年我仅结识了董事会主要委员会的成员，如执行委员会和财政委员会的成员。

我认为在每次例会时，向董事会提交信息是很重要的，因此我也撰写了一些活动的书面报告。作为学校预算委员会的主席，我认为将预算委员会的工作汇报给董事会财政委员会是相当重要的，这样可以让各位在大的战略调整的指导下清晰地了解预算情况。

我同董事会主席经内部协商，共同组织策划了董事会让权计划。这一让权计划具有双重目的：一是对已经提出的战略方案进行讨论，二是审视董事会在整体管理和机构中的角色。

3. 加快学校发展进程和声誉建设的活动。

1月份我参加了由哈佛高等教育研究所资助举办的学术机

构发展研讨会。此次会议聚集了来自美国和加拿大两国的高校校长，就校友关系和资金募集等方面提供了有价值的观点。这次会议的内容正好与我当时所计划的校园外部联系战略不谋而合。

此后在萨德伯里和多伦多，我开始与之前的学校资助人以及潜在的资助人沟通。在纽约，我与三位校友会面，并且代表学校与一位资助人签订了新的资助合同。

我与校友委员会已进行了正式的会晤。我多次与校友会面并且告诉他们学校的新变化，之后还会向校友们发送补充信息。

发展办公室为学校周边房屋主举行了一场“邻居之夜烧烤聚会”活动。在活动中，我简短地介绍了学校的战略计划以及双重利益计划对学校和周边地区的影响。

我和劳伦森大学退休教职工协会成员共进午餐，随后邀请他们每年夏天到我的住所举行年会。

我还为萨德伯里艺术馆新任馆长举行了欢迎宴会，来自社区的约100位成员出席了这次宴会。

对媒体我有问必答，接受了多次采访请求。2002年深秋时节，我在自家的住所为当地媒体举行了一次鸡尾酒会。

我始终致力于参与社区和专业机构的活动，我认为这对学校的发展是有益的。下面是我在这方面的一些兼职：

……

与社区大学校长定期会面，共同讨论如何加强劳伦森大学和地区大学的联系以及深度合作。

4. 发展和筹款。

在新经理的帮助下，我将开发一个发展和筹款计划。包括管理、培养和竞选活动的准备工作。我将建立一种向董事会提供此方面进展情况的准确报告的机制。

5. 媒体和政府关系。

鉴于已经为大学开发了通讯计划，我将继续强化自己在媒体和政府关系中所扮演的角色。

之前两项未完成的活动得以重新启动，其中包括寻找法语地区事务副总管。目前哈莱里·安特蒙特博士担任这一职务，他很快适应了劳伦森大学并且赢得了同事和学校成员的尊重。

另一项则是学校发展执行主任的职位。我们发布了招聘信息，但随后的人选在这一位置的任职时间不长。目前正在过渡期，由公共事务主任兼任这一职位。我们仍在继续寻找合适的人选。这也是今年的一项任务。

曾经的高级管理团队更名为执行团队。团队成员每周举行例会分享信息，并且在必须作出决定的问题上保持一致意见。我相信我们的团队是高效且和谐的。

6. 本着将本校利益最大化的原则，与湖首大学校长和北安大略医学院创始院长共同合作，逐步建立医学院。主要步骤包括：法律协议、规划、政策协议、学术安排以及基础设施。

我与湖首大学校长弗莱德·吉尔伯特博士、北安大略医学院创始院长罗杰·斯特拉斯博士以及执行管理委员会主席吉姆·高登定期会面，共同起草了一份建设医学院的地方法规，内容包括医学院作为一个法律实体以及建立一个由三位成员组成的过渡委员会。之后我们致力于这一地方法规（地方法规2）最终版本的确定，近期，地方法规2已经被学院和高校部部长接受。地方法规2的一个独特性在于，它是各校领导人共同协商的结果，历经多次讨论和咨询，这一地方法规反映了北安大略地区各利益体的需求。

吉尔伯特博士、斯特拉斯博士和我定期会谈，共同制定出指导医学院与各高校关系的原则，并随时关注医学院接受申请、审核申请以及第一批招生的进展。在这个过程中，学术和管理部门的副校长们在学术及管理资源共享方面制定了专门的规章制度。

伊夫斯总理宣布了9530万加元的资本和运行成本，包括在劳伦森大学校区建立一栋新的大楼。目前，筛选建筑师以及大楼设计的工作已在逐步进行。

7. 与董事会成员、校友、资助人、政府、其他高校、媒体以及整个社区建立良好的关系，着眼于发展。我参加了由北部发展和矿业部部长在多伦多举办的会议。在此次会议上，我校与采矿相关的学科专业被当作一项战略发展重点提了出来。在此项工作中，我目前负责政策的制定，并将我的一部分职责分给了安特蒙特副主任。

8. 重大内部事件。

为庆祝所有教职员工取得的成就，在校园内举行一系列活动。在国际妇女节，校长顾问女性地位委员会向为学校作出杰出贡献的女性颁奖。我在办公室为2002年总督文学奖法语诗歌获奖者罗伯特·迪克森教授举行了庆祝会。另一位获得教学优秀奖的莱克欣蒙·阿玛图佳博士的庆祝会则在一个公开的场合举行。

同样是在国际妇女节之际，我设立了一个女性领导力的工作坊，大约75位学生和教职工参与了这项活动。

学校还举办了五次正式集会，颁发了四个荣誉博士学位。此后，分别在艾克马大学学院和赫斯特学院举办了一次类似的活动。

在这份年度报告的“未来展望”部分，朱迪斯认为她来年的工作目标将会是：“教师的更新和保持，更加关注招生，定向指导新教师；继续国际化路线，特别关注国外学习项目和国际学生实习，以及国际研究和教师的发展机会；更加深入发展新项目。”显然，既然选择了远方，她便只顾风雨兼程。

这些还不是她的全部工作。2002年至2008年期间，朱迪斯除了担任劳伦森大学校长以外，还主动参加了各种学术团体和机构的活动。例如，2002—2010年，她是加拿大大学及学院联合会主任委员会委员，还是高等教育奖学金委员会成员、教育事务及基金顾问委员会常设委员、依法行动顾问委员会常设委员、国际关系顾问委员会常设委员。2002—2008年，她为安大略大学委员会委员，同时兼任安大略政策与计划委员会，工作质量和财务、政府与社区关系委员会，工作质量测评、预算与审计委员会的主席，以及大学校长联合会主任委员会执行主任、常设人权委员会主席和执行委员会委员。2004—2008年，她是北安大略省医学院主任委员。2006—2008年，她为矿区革新创优中心资金委员会主席。2004—2008年，她是安大略省矿业工业委员会成员。2002—2008年，任加拿大世界大学服务主任委员会成员。2004—2006年，任该委员会主席，并到塞内加尔、加纳和波特迪瓦三个西非国家访问，探访了当地正在开展工作的工作人员；带领加拿大大学校长使团出访越南以寻求合作机会。2005—2008年，被加拿大大学及学院联合会任命为法语语言教育顾问委员会成员。2005—2008年，被教育部任命为中小学校法语教育顾问委员会成员。

朱迪斯就像是一只勤劳的蜜蜂，不知疲倦地高效工作着。她充分展露着自己的非凡才能，同时也塑造了一位精明干练的女校长形象，还诠释了女性领导力的巨大能量。2004年朱迪斯参加第二届世界大学女校长论坛时接受了中央电视台的采访，当被问到“女性领导者所具有的价值”这一问题时，朱迪斯冷静而理性地回答说：

2004年朱迪斯在中国参加电影首映式

> 最近关于女性和男性相比是否有不同的管理或领导作风存在着一些争论。有人认为各个大学的女性领导人之间的差异就和男女之间的差异一样多，[①]但还是有共识认为女性所拥有的一些品质有着利与弊两方面的影响。
>
> 女性更愿意采取团队行动并且能以合作的方式来领导团队。她们更注重合作，所以她们可能不太愿意面对冲突。人们认为女性更懂得下放权力，更愿意倾听他人的意见。她们愿意广泛协商，努力达成共识。她们能更好地沟通：专心地倾听，仔细地组织素材并对听众的回馈很敏感。另外她们愿意花费时间来仔细做决定。
>
> 女性鼓励开放，也更容易受其影响。她们更能容忍分歧，因此更善于管理多样性。女性领导者对自己团队的情绪和感情更敏感，但也很容易做出消极的回应。她们能很快找出自身的缺点并改善它们，对自己会比较苛刻，是一个完美主义者。

---

① 参见洛娜·鲍仁马斯登（多伦多约克大学前校长）在加拿大众议院的演讲：《加拿大的大学女校长：加拿大的社会变革》。

当然这些都只是大概而言的，主要来自于我对领导的理解、我对自己的看法以及别人对我的看法。

当被问到她自己的领导特色时，朱迪斯回答说：

大学里对意见和辩论精神的高度重视让我能够创造出共同协商、建立共识的大环境。我尊重过程，但我也意识到过程和行动必须取得平衡。当必须采取行动时，我会毫不犹豫地做出正确的决定，即使充满挑战或困难重重。从开始担任行政职位直到成为校长，我都是建设者和倡导者，从不满足于昨天的成果，永远想完善，向前迈进，并接受新的任务。

除了学历和丰富的行政经验，某些个人素质也是作为大学校长必须具备的。同事们身上吸引我的素质有：激情、活力、热情、对改变的接受和灵活性。大学校长很忙：他们的一天很容易就被排满了，一星期每天都是如此。因此他们必须小心地保持一定的平衡：个人生活和职业生活间的平衡，工作和娱乐间的平衡。我的大部分同事都有不少爱好和消遣，很多水平都不错甚至达到了比赛水平。至于我，我喜欢音乐——不仅是欣赏也包括表演——同时也参加过不少活动。

热爱生活　享受多重乐趣

的确，朱迪斯是个热心工作的人，她每天的日程都安排得满满当当。但她不是一个只会工作的“工作狂”，因为她的人生还有许多乐事。作为一名在翻译界享有盛誉的学者，她在任职校长期间还不忘学术，参加了许多与翻译相关的专业活动。她曾是牛津大学出版社出版的五卷本翻译历史丛书顾问委员会委员。1991—2002年任国

2004年，林赛的儿子一家从蒙特利尔到萨德伯里探访朱迪斯和林赛

际魁北克研究协会创设主任委员会成员，1994—2002任本杰明翻译图书馆顾问委员会成员，负责审议手稿、建议出版事宜。2003年《翻译 翻译》一书中收录了她的学术论文《在观测窗中：萧伯纳论翻译及萧伯纳在翻译中》，2007年朱迪斯在《加拿大文化交流》一书中发表长篇论文《走出阴影：翻译家占据舞台中心》，2008年发表论文《北安大略翻译身份研究》。

朱迪斯还十分享受家庭生活带来的乐趣。闲暇时，她喜欢与家人团聚，为家人准备一顿美味大餐，或是教孙子们厨艺、划船、乐器等一些实用技巧。朱迪斯告诉笔者，2006年暑假外孙子朱利安从法国来萨德伯里看望他们。朱迪斯的住宅临湖而建，那一个暑假，每天早晨朱迪斯都会带上朱利安，到拉姆齐湖（Lake Ramsey）教他运桨划船。2013年1月28日朱迪斯自豪地告诉笔者："我做朱利安的教练绝对绰绰有余。2005年我和我的学生们代表劳伦森大学参加了萨德伯里市举办的龙舟大赛，还获奖了呢!"

2006年与外孙子朱利安在拉姆齐湖上划船

2005年朱迪斯参加龙舟大赛

在朱迪斯回忆的过程中，笔者眼前仿佛幻化出一幅幅精彩激烈的画面：身穿鲜亮的黄色T恤，披上橙黄色的救生衣，仿佛披上战袍，朱迪斯和其他8名队友跳进漆成赭黄色的龙舟，端坐平稳，摆好姿势，兴奋却紧张，看着左右两侧同样蓄势待发的对手心中直打鼓……比赛终于在人们的翘首以待中开始了。瞬间，“老夫聊发少年狂，左牵黄，右擎苍，锦帽貂裘，千骑卷平冈”，朱迪斯和队友们奋力挥动船桨，手臂上的肱二头肌和肱三头肌随着运桨动作一起一伏，平静无波的河面上荡出一圈又一圈的涟漪。岸上的呼声一阵盖过一阵，河中的龙舟似离弦的利箭，争先恐后，划向终点。此情此景正应和了唐代诗人张建封描写的龙舟大赛场景：

五月五日天晴明，杨花绕江啼晓莺。
使君未出郡斋外，江上早闻齐和声。
使君出时皆有准，马前已被红旗引。
两岸罗衣破晕香，银钗照日如霜刃。
鼓声三下红旗开，两龙跃出浮水来。
棹影斡波飞万剑，鼓声劈浪鸣千雷。
鼓声渐急标将近，两龙望标目如瞬。
坡上人呼霹雳惊，竿头彩挂虹蜺晕。
前船抢水已得标，后船失势空挥桡。
疮眉血首争不定，输岸一朋心似烧。
只将输赢分罚赏，两岸十舟五来往。
须臾戏罢各东西，竞脱文身请书上。
吾今细观竞渡儿，何殊当路权相持。
不思得岸各休去，会到摧车折楫时。

2007年朱迪斯在萨德伯里的家中与孙子合奏乐曲

有时候朱迪斯一时兴起，还会在家中的花园里自制果酱。她挽起衣袖，“齐力斫孱颜，耳听田歌手莫闲”，将前一天采来的一大筐苹果切碎，放在锅里煮烂，再将果泥填进自制的细纹布袋中，挂在后花园的树上，让它们慢慢地滤水沉淀。然后，朱迪斯支起一张小桌子，泡上一杯香浓咖啡，坐在树下，闲适地捧起一本书。这时，看着她忙忙碌碌一个上午的邻居老太太忍不住探过矮矮的树篱，询问她究竟在忙什么。得知缘由之后，这位老太太有些惊呆了，她不解地看着朱迪斯，用法语喃喃自语道：“Quelle Dame!”（这是一个什么样的女人啊！）她从来没有想过大学校长还会自制果酱。也许，在这位老妇人的认知中，大学校长是不食人间烟火的吧。

2007年6月底，朱迪斯在劳伦森大学的第一届任职期满，她的工作得到大学董事会、学术评议委员会、学生会、教工代表委员会和社区委员会各个层面的高度赞扬。很快劳伦森大学董事会主席又与朱迪斯签署了第二个任期的合同。2008年，在朱迪斯即将赴任康考迪亚大学校长之前，劳伦森大学特地为她制作了一副肖像画，用于表彰和纪念她在任期间为劳伦森大学的发展作出的不可磨灭的贡献。

2008年朱迪斯即将离任劳伦森大学校长职位之前，劳伦森大学为她绘制肖像，挂在校长墙上，以此表彰她在任期间所作的贡献

第六章　康考迪亚大学校长：乘风破浪会有时

A person's character isn't determined by how he or she enjoys victory but by how he endures defeat.

House of Cards

一个人的品行并不取决于他或她如何享受成功，而在于他如何忍受失败。

《纸牌屋》

直面困境　出任首任女校长

2007年对于即将迈入花甲之年的朱迪斯来说是人生的一个关键节点：首先，她顺利通过了劳伦森大学对她的第一任校长任职的考核和评估，圆满完成了为期5年的第一任校长工作，于2007年7月开始了第二任期。与此同时，她申请了康考迪亚大学校长职位。经过一系列严谨缜密的面试和复杂的遴选环节后，2008年2月29日，康考迪亚大学通过官方网站正式宣布从2008年8月1日至2013年6月30日任命朱迪思·伍兹沃斯为该校校长。

对此，加拿大多家媒体做了相关报道。比如《加拿大新闻专线》率先于2008年2月13日报道："康考迪亚大学很高兴地宣布朱迪斯·伍兹沃斯博士将于2008年2月25日校董事和大学评议会召开

2008年康考迪亚大学为新任校长朱迪斯举办了欢迎仪式

期间被介绍给康考迪亚社区，她被认为是校管理委员会和大学评议会更为中意的校长和校管理委员会副主席的人选。”①

2008年11月17日朱迪斯正式就任康考迪亚大学校长及校管理委员会副主席。为此，当日加拿大《加拿大新闻专线》特别报道了这一事件：“今天，即2008年11月17日，朱迪斯·伍兹沃斯博士将正式宣誓就职，成为康考迪亚大学校长兼校管理委员会副主席。宣誓仪式将于上午10点在位于萨利·威尔弗里德广场的工程和计算机科学学院举行。”②

康考迪亚大学校园月刊《激讽者》（*Stinger*）于2008年8月刊发

① 参见爱丁堡大学“新闻银行”电子图书资源库，登录号：11ED1324664689C8。
② 参见爱丁堡大学“新闻银行”电子图书资源库，登录号：12485EF310CD9ED80。

了特别报道，隆重推荐康考迪亚的新任掌门人："11月17日，随着朱迪斯·伍兹沃斯当选为康考迪亚大学的第17任校长及校管理委员会副主席（我们的封面主题），学校实现了一个历史性转变。值得注意的是，蒙特利尔的两所英语大学现在都由女性来掌舵，分别是伍兹沃斯和在2003年成为麦吉尔大学首任女校长的梦露·布鲁姆。"

康考迪亚大学位于加拿大魁北克省的蒙特利尔市中心，是一所大型的综合性公立大学，1974年，由1896年建立的圣徒学院（Loyola College）和1926年建立的乔治·威廉姆斯爵士大学（Sir George Williams University）合并组成。圣徒学院的前身是蒙特利尔圣玛丽耶稣会学院，主要提供英语语言课程。乔治·威廉姆斯爵士大学的前身是在蒙特利尔市建立的北美第一个基督教青年会（YMCA）。"康考迪亚"这一大学名称取自蒙特利尔奠基石上的一句话，"Concordia Salus"，意即和谐引致繁荣。

康考迪亚大学校徽

目前，康考迪亚大学开设了4个学院：文理学院、工程和计算机科学学院、艺术学院以及约翰·墨尔森商学院（原商业和管理学院），共有300多个本科专业、100多个硕士和博士专业，拥有许多专业领域里国际知名的专家型教授，具有很高的教学和科研水平。康考迪亚大学是具有权威的加拿大大学和学院协会（Association of Universities and Colleges of Canada，AUCC）会员，加拿大国际教育事务局（Canadian Bureau for International Education, CBIE）成员，魁北克教育委员会（Conférence des recteurs et des principaux des universités de Québec, CREPUQ）会员，国际大学协会（International Association of Universities, IAU）会员。该校的约翰·墨尔森（John Molson）商学院是加拿大第一个经过北美商学院精英协会认证的商学院，也是最早获得全球最高声誉的管理专业协会（Association to Advance Collegiate Schools of Business, AACSB）认证的加拿大商学院之一，同时也是该协会会员。该校的工程和计算机科学学院获得加拿大工程认证委员会（Canadian Engineering Accreditation Board, CEAB）认证、美国工程与技术认证委员会（Accreditation Board for Engineering and Technology, ABET）认证、魁北克省专业工程师（Ordre des ingénieurs du Québec, OIQ）认证。

从成立之初，康考迪亚大学就采用交叉教学法，致力于教学和课程设置的丰富和创新，让相关学科的教学内容和教学方法相互渗透，在求同存异中获得和谐发展。目前，新闻学、商科、创造性写作和计算机科学均是该校的强项课程。舞蹈、音乐、戏剧、电影及尖端的多媒体和数字技术等专业在世界各大学的艺术学科中也享有盛名，该校电影研究系的许多毕业生在世界上享有很高的声望和荣誉。女性研究专业是康考迪亚大学的特色专业，于1978年开设，是加拿大首批开设该专业的学校之一。可以说，康考迪亚大学成立以来一直发扬着优良的教育传统，并能应时而变，时有创新。

截至2012年12月，康考迪亚大学共有来自120多个国家和地区的本科生、硕士研究生和博士研究生4.4万人。[①]4个学院共提供400多门本科生、研究生、博士生课程，拥有63个研究席位（其中22个为加拿大首席科学家席位）、18个研究中心和11个研究院。该校已与全球五大洲29个国家的89家机构正式建立了联系。康考迪亚大学的合作协会分布在美国、中南美洲、加勒比海沿岸、太平洋沿岸国家、非洲及大部分欧洲国家，它的科研项目在英国、希腊、意大利等国家都有很大发展。值得一提的是，蒙特利尔市是中国人民的老朋友、共产主义战士白求恩大夫[②]的故乡，他的塑像就矗立在康考迪亚大学的校园内。同白求恩大夫一样，康考迪亚大学也一直对中国持友好态度，它是西方第一个和中国建立博士专业配对联系的国家大学，与中国8所大学交换专业。

鉴于康考迪亚大学的发展业绩，《麦考林》周刊认为：康考迪亚大学一直致力于个人能力、社会活动和学术的卓越发展，被公认为是加拿大最具活力、最具多元文化特色和创新型的大学之一，连续多年在《麦考林》进行的加拿大大学排名中位列综合类大学的前十名。其实不止《麦考林》一家媒体认可康考迪亚大学的地位，美国

---

① 截至2012年12月，康考迪亚这所坐落于魁北克省蒙特利尔市的讲英语的综合大学招收了4.4万名学生（89%的学生来自蒙特利尔及加拿大其他地区，11%的学生来自国外），拥有6500名员工，年度运营超过35亿美元。另据百度百科2013年5月24日的统计资料，该大学共有学生38809人。参见http://baike.baidu.com/view/3511588.htm? fromId=926066。

② 诺尔曼·白求恩（Norman Bethune）（1890—1939），加拿大共产党员，国际共产主义战士，著名胸外科医师。1938年3月，受加拿大共产党和美国共产党派遣，率领一个由加拿大人和美国人组成的医疗队来到延安。1939年10月，在抢救伤员时不慎被手术刀划破手指，后伤口感染，于11月12日在河北省黄县黄石口村去世。毛泽东同志发表了《学习白求恩》一文，高度赞扬了白求恩的共产主义、国际主义精神。

《时代》周刊排名显示，在世界范围内，成立时间少于50年却位居世界顶级的100所大学中，康考迪亚大学位列第91位。①

然而，2008年朱迪斯接管这个学校时，康考迪亚大学正面临着困境。《麦考林》记者马丁·帕特奎宁报道说：

> 曾经发生过学生冲突的康考迪亚大学历来就不是一个容易管理的地方。然而，当朱迪斯·伍兹沃斯2008年接管时，学校正在困境之中。它的赤字已经膨胀到500万美元，而且还有一张漫长的有待大力改进的校园建筑名单。当时，这所大学成了蒙特利尔冲突的引爆点，就像是以色列及其占领区之间的冲突，抗议、抵制和激烈的言辞都只为占用更多的氧气。除此之外，前任校长克劳德忽然在任职两年时终止了为期5年的合同，为此，该大学为他支付了超过100万美元的离职金。②

如何使康考迪亚走出困境是朱迪斯就任校长的工作重心。显然，康考迪亚大学的师生员工也对她充满了期待。《激讽者》月刊认为作为康考迪亚大学筛选出来的第一位女校长，她的到任打破了该校男性领导的高层管理传统：

> 尽管已经成立34年，康考迪亚大学依然是一个资历比较浅的大学。然而，它本身是由圣徒学院与乔治·威廉姆斯爵士大学合并而成的，其历史可追溯到19世纪。毫无疑问的是，这所学校的前身是以男性为中心的。
>
> 乔治·威廉姆斯爵士大学的前身是源于19世纪50年代蒙特利尔基督教青年会的一项只面向男性的教育计划。当这项教育计

---

① 有关康考迪亚大学的介绍参考了百度知道、维基百科、该校网页等。

② Patriquin, Martin, "The Very Short Goodbye", In *Maclean's*, 2/7/2011, Vol. 124, Issue 4.

> 划在1926年转变为创立乔治·威廉姆斯爵士大学，它就开始男女兼收了。学校第一届毕业班的7个人中就有一名女性——1937届文学学士丽塔·谢恩。谢恩于1942年前往麦吉尔大学攻读医学学位，在那里她是班上为数不多的女学生之一。
>
> 1896年，圣徒学院正式开始招生，而且秉承耶稣会传统，依然是一所只收男性的学校。1959届、1962届文理学士，1974届工商管理硕士洛蕾塔·马霍尼及1962届文理学士加布里埃尔·保罗成为该校首批招收的女性走读生，三年之后又成了首批女性毕业生。马霍尼和保罗都是真正的先驱者，因为她们学习的都是工程学，这在当时还不是传统意义上女性从事的领域。
>
> 圣徒学院与乔治·威廉姆斯爵士大学于1974年合并为康考迪亚大学。自此，作为不断鼓励多样化、支持人权和社会活动的进步学校，它开始赢得广泛美誉。然而，无论是乔治·威廉姆斯爵士大学、圣徒学院还是康考迪亚大学的校主席、校长或院长一直都由男性出任，直到现在仍是这样。①

《激讽者》月刊相信朱迪斯的到任能让高层管理人员的性别均衡起来，同时该刊还认为，作为康考迪亚大学的新任领导人，朱迪斯·伍兹沃斯为学校带来了丰富的知识和经验，这也构成了该校发生历史性转变的第二个原因：

> 就在伍兹沃斯上任的4天后，康考迪亚大学里备受尊崇的女子学院西蒙娜·德·波伏娃学院迎来了成立30周年的庆祝大会和晚宴。恰在此时，康考迪亚的第一任女校长在晚宴上致辞说原来她早期也曾在该学院任教。伍兹沃斯肯定了该学院正在进行的相关工作，也敦促学院应该继续培养出更多能胜任加拿

① 《激讽者》月刊，2008年8月。

大国内公司、政党以及大学的高级职位的领导者。

伍兹沃斯曾于1980—1997年在康考迪亚度过了17年，后来在位于安大略省的萨德伯里市的劳伦森大学担任了6年校长。她于8月1日正式就任康考迪亚大学校长，而且已经为学校规划好一条新的战略道路并且开始推进实施了。

11月，伍兹沃斯全身心投入了一个多层次的协商程序中。这个程序包括一系列的公开讨论，旨在激励康考迪亚的学生、教职工及校友为推进学校实现“高学术质量，显著的学生体验和学生参与度，高度的社区参与度及社会责任感”的目标，就像她在康考迪亚大学战略发展方向报告草案上所写的那样。伍兹沃斯打算把反馈的信息加入到战略计划当中。她将于2009年春天在康考迪亚学校理事会上正式提出这个计划。

身处高位的人能创造很大的不同。很显然，伍兹沃斯的领导才能将有助于她带领学校度过接下来几年经济不景气的时光。她已经开始赢得学校的信任并且开始激励学校朝着建立学术型、研究型和有制度的大学的目标前进。

1980—1997年，朱迪斯曾经在康考迪亚大学工作过，她充满感情地把这次回归称为“回家”（homecoming）。在60岁生日即将到

2008年11月17日朱迪斯作为校长面向康考迪亚大学员工发表第一次演讲

来之际，朱迪斯抖擞精神，无论在力竭之时、在荆棘丛中、在坎坷之地，都绝不驻足，亲手翻开了自己人生传奇中激动人心的新篇章。

双修福慧　汇聚多重身份

身为康考迪亚大学的首席执行官，朱迪斯必须为这所大学的学术、行政管理和财务管理负起全责。为此，她将自己的校长身份细化成不同的身份，又将它们和谐地统一在一起。

高瞻远瞩的战略家

从某种意义而言，大学校长必须是一位高瞻远瞩的战略家，他要审时度势，描绘大学发展前景、负责发起并执行大学的战略目标，要具备“不畏浮云遮望眼，只缘身在最高层”的眼光和气魄，还要有“会当凌绝顶，一览众山小”的自信和决心，这样，他的团队才能信任他、依赖他，众志成城、齐心协力同攀高峰。作为一名已经在两所大学锻炼过10年的战略谋划者，同时又是曾经在康考迪亚大学工作过17年的老职工，朱迪斯在应聘康考迪亚大学校长一职前就已经非常冷静、全面细致地分析了康考迪亚大学的优势和它所面临的困境。

2008年8月走马上任，她延续了自己在劳伦森大学的工作作风，运筹帷幄，首先制订康考迪亚未来五年的发展计划。她根据自己多年来积累的国际交流和合作经验，运用全球化视野，对康考迪亚大学的内外政策做了通盘考虑。朱迪斯回忆说：“这份战略计划是在大量的市政厅办公室、世界各处的咖啡馆、校长联席会和其他的讨论中碰撞产生的。”根据已有经验，她很清楚一所大学的战略发展计划应该是具体的、清晰的、可触摸的，所以它的战略行为要竭力避免“刺激反应”模式，雨来打伞，风来穿衣，就事论事，随机应变多，长远谋划少。她认为康考迪亚大学未来的发展重心“应致力于学术质量，提供学生体验生活的机会，积极参与社区活动，通过各种有效沟通和行政管理实践来彰显自己的价值”。为此，所有的战略目标都要围绕这一重心来展开。在她的领导下，康考迪亚出台了该校第一份战略计划——《战略框架：向上、向外》，2009年春季得到学校学术委员会和管理委员会的一致同意。有了这份战略计

康考迪亚大学罗顿校区冬景（图片来源：康考迪亚大学主页）

划的引领，朱迪斯开始放手一搏，一笔一画地勾勒她心目中的康考迪亚大学发展蓝图。

开源节流的财务管家

大学校长不仅是一位大胆的战略设计家，他还必须是一位细致的战术实践家，实践的重要内容之一是要与细微而烦琐的财务管理工作打交道。朱迪斯从童年开始就在母亲苏希的指点下做了多年非专业的会计工作，并在父母有意无意的指点下对父亲佐理经营的杂货店现金管理和财务运营情况有所了解。她于1997年从事高校高级行政管理工作以后，又在哈佛大学等高等学府接受了系统的商务行政管理训练。如今，她在康考迪亚大学管理委员会的指示下开展工作。该大学管理委员会主席佩特·库莱特（Pete Kruyt）是康考迪亚大学商业和管理学院1978届毕业生。可以说，朱迪斯身上流淌着的善于经营的犹太人的血液帮了她的忙，她从小接受的非正规的会计训练也帮了她的忙，她成年以后接受的系统的商业训练更帮了她的忙。朱迪斯已经成长为一位经验丰富而又专业的“管家婆”，很快就扭转了康考迪亚大学财务困难的局面。2008年，朱迪斯接手康考迪亚大学时，其运营欠债达到1000万加元。可是到2010年朱迪斯离任时，康考迪亚大学已无欠债并有盈余，成为魁北克省唯一一所能够保持财政平衡并将累计财政赤字降到最低的高校，也是魁北克省能够保持年度预算平衡的少量的几所大学之一。

当然，罗马不是一天建成的。为了达到这一财务管理目标，朱迪斯殚精竭虑，付出了辛勤的努力。对内，朱迪斯设计了一份长期还债计划，使学校能创造经济效益，目标是使康考迪亚大学的累计财政赤字降到最低。身为校长，她还从宏观层面协调校内各协会和管理层之间多年来存在的分歧，减少内部损耗，致力于让学校内外不同层面的所有成员更有效率、更加和谐地合作。同时，本着“半丝半缕，恒念物力维艰”的理念和从小养成的勤俭习惯，朱迪斯把节俭作为大学财务工作的重要部分，节省了一笔不小的周转资金。为了让所有教职员工都能了解进而理解校方的各种财务举措，朱迪斯排除困难，使财务报告变得更加透明，让学校的财务工作在阳光下运行。作为精明的犹太人，朱迪斯明白只有敞开校门、尽可能地获得外部支持才能赢得更多的周转资金，为此，她积极联系海内外校友，与他们建立良好的关系。她对笔者说：仅2009年她就到访了十多个不同的国家和地区，频繁会见当地的康考迪亚大学校友。在2013年的个人述职中她说：“我在亚洲及美国、加拿大主要城市参加了校友会并发表讲话；与捐赠人和其他康考迪亚朋友开会，准备集资战役；为捐赠事宜保驾护航、铺平道路。”下面的几幅照片很有代表性地体现了朱迪斯与海内外校友的联系。

2008年，朱迪斯在康考迪亚大学举办的“欢迎回家早午餐”活动中接见翻译专业的校友

2009年，朱迪斯在加拿大驻美总领馆为康考迪亚大学校友举办校友会。朱迪斯左手边是加拿大国际贸易部部长斯科特威尔·戴（Stockwell Day）

2010年，朱迪斯在上海为康考迪亚校友举办聚会。前排左三是康考迪亚大学管理委员会会长佩特·库莱特

在朱迪斯锲而不舍的沟通和频繁的纽带连接作用下，康考迪亚大学海内外校友积极地向母校捐款，回馈母校。2009年10月《激讽者》刊载了《宏利金融集团向约翰·墨尔森商学院捐出巨款》的新闻稿，报道说：

> 10月23日，宏利金融集团宣布将向约翰·墨尔森商学院捐赠50万美元。这位保险业巨头曾经向魁北克大学赠出一份相同的大礼。现在这笔捐款将用于聘请教授财务规划的老师，并在明年9月落成的约翰·墨尔森商学院新址上建设一个拥有120个座位的剧场。
>
> 康考迪亚大学校长兼校管理委员会副主席长朱迪斯·伍兹沃斯博士在100多名师生及宏利金融代表们出席的庆典上接受了这项捐赠。伍兹沃斯认为负责宏利金融个人财务管理业务的执行副总裁、1975届毕业的商务管理学学士罗伊·费斯以及宏利金融主席兼首席执行官、1967届毕业的文理学学士多米尼克·达勒桑德鲁等校友是约翰·墨尔森商学院全体学生学习的榜样，因为他们都在自己的职业生涯中取得了极大成功，同时愿意回馈自己的母校。校友事务及发展会副会长凯西·阿萨雅格（Kathy Assayag）向宏利金融的代表们表达了对捐赠的感谢之情。费伊·罗斯说：“教育一直是宏利金融慈善捐赠计划的一个重点投入方向。”

2009年11月18日康考迪亚大学新闻主页上发表了题为《康考迪亚大学收到重要礼物：名誉校长戴维·奥布莱恩促进了康考迪亚的持续商业教育》的文章，详细介绍了奥布莱恩的捐赠善举：

> 康考迪亚大学在加拿大可持续发展方面的领导地位由于

其名誉校长、1962届毕业的文理学学士戴维·奥布莱恩的影响而得到了极大提升。在11月18日举行的捐赠接受仪式中，戴维·奥布莱恩宣布他捐赠给约翰·墨尔森商学院的200万美元将用于成立一个企业可持续发展中心。这个中心将涵盖戴维·奥布莱恩旗下在企业可持续发展方面最杰出的教授和学者。……

2009年，新的工程实验室成立。朱迪斯代表校方接见了捐赠人亲属。左起：捐赠人的女儿、朱迪斯、康考迪亚大学工程和计算机科学学院院长

戴维·奥布莱恩表示自己非常欣赏康考迪亚大学多学科的学习和研究方法，所以希望这个中心能够“成为一个真正跨学院的复合型中心，并且能够在学术教授和研究以及商务实践中卓有成就”。……康考迪亚大学校长兼校管理委员会副主席朱迪斯·伍兹沃斯博士认为这次捐赠是对学校和商学院的一个巨大肯定。伍兹沃斯说：“可持续发展的问题贯穿整个学校，而这个中心也将为理论研究和商务实践提供主要的研究动力。”康考迪亚管理委员会主席、1978届毕业的商务管理学学士佩特·库莱特认为奥布莱恩“是我们所有人的杰出榜样”。库莱特说名誉校长“履行了极高的责任”，也将激励其他捐赠者作出同样的贡献。

鸦有反哺之义，羊有跪乳之恩。在母校面临财政困难之际，康考迪亚的校友们应校长朱迪斯之邀，慷慨解囊，用自己的一片真情报得三春晖。

平易近人的沟通者

在与海内外校友保持和谐关系的同时，朱迪斯还充分发挥了她的女性亲和力，改善并加强与媒体[①]、商业、政府和社区等外部利益相关人的关系，进一步提升康考迪亚大学的声誉。2009年金融海啸席卷全球时，加拿大大学面临很严重的财政问题。此时，朱迪斯借助学生电视台、学生广播台和蒙特利尔的报纸等对外发表声明，表示康考迪亚大学一向采取保守性投资策略，慎重对待捐赠所得收益，所以康考迪亚大学受到金融风暴的负面影响很小。同时，她保证学校教职员工的退休金和长期借贷的息率都是固定的，不会受这次金融海啸的影响。她还强调校方仍会对学校财政加以监察，以求达到高水准的教育质量和研究水平，借以回馈社会。借助媒体的力量，朱迪斯的公开声明迅速地稳定了军心。

正如康考迪亚大学网页所介绍，该大学是一所位于蒙特利尔市中心的城市化大学。朱迪斯将该大学的社会作用延伸到社区之中。她说："考虑到康考迪亚的天职是为城市而生的，我们要重新激活它的社区邻里，并兼顾到可持续发展，让它的智力和文化资源被大众所用。我在构思战略框架时，将与社区结盟和担负社会责任定为该框架的支柱内容之一，我们的一些活动也体现了这些目标，例如我们在行政管理实践和学术课程设计中意识到环境的

① 在接受笔者的采访时，朱迪斯说她在任时与《加拿大新闻专线》、学生电视台、学生广播台等媒体机构都保持了良好的沟通关系。

统一性和可持续性，我们发起了校长系列会议，这些会议的校园内部和外部活动针对高中学生及公共广播系统的电视观众等不同的受众群体。”

《麦考林》记者帕特奎宁比较了朱迪斯和前任校长克劳德在待人接物方面的不同之处，他认为：“与接受工程师培训的克劳德不同，她的学科背景是人文艺术。根据许多康考迪亚大学员工的反映，她是一个平易近人、容易合作的人——有些人建议称她为母鸡型的人，而他则严厉而冷淡。……2008年2月她被公开介绍给康考迪亚教职工时说她需要倾听以建立共识。她坚持让人们叫她朱迪。”[①]毫不夸张地说，朱迪斯平易近人的个性、漂亮优雅的外貌确实为康考迪亚大学加了不少分。作为康考迪亚大学的形象大使和主要发言人，朱迪斯与康考迪亚社区、各级政府、商业团体、捐赠者和宽泛意义上的其他外部利益相关者建立了和谐关系，保持着稳定的联系。

注重实效的行政高管

朱迪斯不仅是一位高明的战略家、细致的财务主管，她更是一个不折不扣的学术领头人和行政高管。身为校长，朱迪斯十分清楚大学的声誉在于优质充足的生源和过硬的教学质量。为此，她在学术和行政管理工作中的重心之一是积极增加生源，尤其是研究生层次的优质生源。朱迪斯认为：“虽然康考迪亚大学在学校规模和学生生源方面都属于最大学校之一，它所在的城市——蒙特利尔也是加拿大最大和最有活力的城市之一，但它总是被罩在它的近

① Patriquin, Martin, “The Very Short Goodbye”, In *Maclean’s*, 2/7/2011, Vol. 124, Issue 4.

邻——老牌、知名并有着得天独厚优势的麦吉尔大学的光芒之下。为了应对竞争，它必须最大限度地展示自己研究机构的竞争力，建立优势并提高声誉。同时，必须和其他机构进行合作以面对一些共同的挑战：要说服公众和决策者，使他们相信高等教育对社会的价值是一个整体，特别是要督促政府、企业和个体给予高等教育更多的投资。”

为增强大学的竞争力，朱迪斯总是不遗余力地强调学术的重要性。她上任以后，康考迪亚大学通过市政会、民政会、领导讨论小组和其他各种协会的多次会议，聆听了各种声音，最后于2009年春季通过了该大学有史以来的第一个战略性机制，再次重申了康考迪亚大学在学术质量、杰出学生体验、社区参与以及提高交流和管理实践方面的战略承诺。从2008年8月至2010年11月，短短两年的时间，康考迪亚大学新增了11个研究生学术研究项目；重新调整了学院、拓展了创新实践；在研究资金和奖励方面取得了显著进步；朱迪斯此前在招生管理方面的经验使她得以让研究生层面的招生和注册人数呈两位数的增长。[①]记者帕特奎宁不无赞赏地称她为“注重实效的校长”。[②]

此外，朱迪斯还采取多种方式吸引优质生源。例如，她在全校范围内强调学生参与。她上任以后康考迪亚大学成立了志愿者中心，推出新的学生志愿者项目以锻炼学生的领导力，还为学生提供与课程学习同步的发展记录。她倡导学生增加实践经验：学校为学

---

① 朱迪斯在接受笔者采访时提到确切的增长数字为15%。

② Patriquin, Martin, “The Very Short Goodbye”. In *Maclean’s*, 2/7/2011, Vol. 124, Issue 4.

生提供由学校教师、图书管理员和其他教工组成的指导团队，他们可以为学生提供一对一的单独服务，并参与到和学生相关的课程学习、文化、体育等多项活动当中。为了进一步吸引学生尤其是国际学生到康考迪亚来，朱迪斯尤其注重与校园内的国际学生会面，更加细致地了解他们的需求；她不断地去不同国家和地区，与当地的政府官员建立合作关系，吸引学生到魁北克来；同时在海外为康考迪亚学生和教工提供学术机会。她个人在康考迪亚大学网页上开通了“在线校长日记”、“与校长对话”、“与校长交换看法”等栏目，通过多种形式增强与学生的联系。

在朱迪斯的领导下，康考迪亚大学还加强了校园基础建设。2009年10月14日，朱迪斯高兴地宣布健康研究与训练中心（PERFORM）成立，该中心建筑即将在罗顿校区落成。PERFORM是预防、评估、恢复、构造的缩写。康考迪亚大学校刊认为：“这个中心的成立是对联邦和省政府通过‘知识基建项目’提供的34972317加元资助最真实的回赠。它将是一个建于罗顿校区的多学科研究中心，它把专攻医学和临床运动生理学的运动科学的主要专家汇集到这里。他们将与各医院和蒙特利尔地区的大学医疗中心以及国际合作伙伴进行密切合作。”在朱迪斯看来：“这个中心将成为加拿大独一无二的中心，它巩固了康考迪亚大学在运动生理学和运动疗法领域的世界领先地位，该中心的临床评估和康复设施将为蒙特利尔人带来方便。”这个中心建在罗顿校区的最南端，与现有的体育和娱乐设施相连，占地1.2万平方米，是运动疗法和心肺生理学专业教学、训练实验基地。另外，它也会为运动伤员或者是为癌症、心脏或者呼吸系统疾病的患者提供治疗服务。朱迪斯说："这个中心最为独特之处在于它能够为现有的卫生保健系统提供研究和专业领域知识的补充。"中心的建设从2010年初开始，2011年竣工。

2008年年底康考迪亚成立了一个新的广播电台

除了筹建健康研究与训练中心之外，朱迪斯还努力使康考迪亚大学的面貌发生变化，例如在康考迪亚的两个校区建设了新的广播电台等基础设施，为学生的发展提供了更为广阔的平台。朱迪斯本人在总结2009年的基建工作时提到"一所新的获得李德建筑资质认定的、生态环保的、耗资1.2亿美元的约翰·墨尔森商学院将如期完工，并且不超预算；一座冬季运动圆顶建筑（又叫激讽体育馆圆顶建筑）也将完工；我们从政府的'知识基建项目'中得到八千万美元用于本校四个项目[①]的建设，每个项目已经完成或几近完成"。

① 朱迪斯在接受笔者采访时说，这四个项目分别为墨尔森大楼、在罗顿校区新建的两座大楼以及激讽体育馆圆顶建筑。

但是令朱迪斯特别自豪的却是当时她主抓的一个总预算仅为400万加元的小型工程项目。朱迪斯自豪地说："其实这个项目最后只用了100万加元——康考迪亚大学出资50万、蒙特利尔市政府出资50万。"由于蒙特利尔冬季漫长而寒冷，朱迪斯任校长期间，经与蒙特利尔市政府和魁北克联邦政府协商，共同修筑了被称为"管道"（Tunnel）的地下通道，将康考迪亚大学市中心校区的教学大楼与城市地铁站连接起来，这样人们就可以在有暖气供应的室内活动而不用忍受室外零下20多度的严寒。笔者在采访朱迪斯时，她笑着说这个地下通道只是她主抓的基建项目中一个很小的项目，但却是她最钟爱的项目。她略带神秘地说："一会儿我下课以后带你去感受一下。"2013年1月28日晚上9:30以后，她领着笔者从教学楼地下一层直接进入地下通道，那里店铺林立、人流如织：面包店里形态各异、颜色鲜艳的精美点心散发着诱人的香味，吸引着上了一天课的学生们；健身馆里运动健将们正伴着动感音乐奋力蹬着自行车……时近午夜，地下通道依然忙碌而充满活力。欣慰地看着这一切的朱迪斯脸上挂满了自豪之情。考虑到当时的室外气温是零下23度，地面覆满积雪，天上正飘飘扬扬地下着雪，让人不由感叹温暖如春的地下通道可谓是朱迪斯为康考迪亚社区做的一件大好事。

不知疲倦的旅行者

朱迪斯自2008年出任康考迪亚大学校长以来，为了政府公务，为了提高魁北克省的教育质量，也为了加强教育、研究和招生方面的合作，她不知疲倦地到访世界各地。截至2012年底，她已走遍了全球48个国家和地区。例如，她利用学术交往的机会会见了纽约、波士顿、华盛顿、北京、上海、香港和孟买等不同地方的康考迪亚大学的几百个校友会。她遇见了数不胜数的捐赠人、德高望重的捐助者和大学里的许多朋友，为筹款活动铺平了道路。她还经常在微博客（Twitter）的个人网页上写旅行日志，将她海外旅行的见闻发回康考迪亚大学，与同事和学生们分享。

朱迪斯与蒙特利尔市市长谭保利、前加拿大总督伍冰枝以及中国驻加拿大大使兰利俊一起为重新放置的白求恩雕像剪彩（图片来源：http://www.fmprc.gov.cn/chn/gxh/tyb/zwbd/wshd/t518234.htm）

仅就与中国的联系而言，她完成了以下工作：

2008年10月14日上午，加拿大蒙特利尔市政府在康考迪亚大学工程楼隆重举办新白求恩广场落成新闻发布会。蒙特利尔市市长谭保利、康考迪亚大学校长朱迪斯·伍兹沃斯、前加拿大总督伍冰枝女士、中华人民共和国驻加拿大大使兰利俊先生一起为重新放置的白求恩雕像剪彩。[①]

“朱迪斯说她每一次到访中国，所到之地只要提起她来自

① 参见中华人民共和国外交部新闻网页，http://www.fmprc.gov.cn/chn/gxh/tyb/zwbd/wshd/t518234.htm。

加拿大，对方就会立刻提起白求恩医生的名字，她因此深刻体会到了中国人民对于白求恩的尊敬。她说康考迪亚大学为自己与白求恩医生的紧密联系感到骄傲，为自己有众多的来自中国的学生以及和中国各方面的紧密合作感到自豪。她称赞白求恩不仅是一个杰出的医生，也是一个为正义事业而奋斗的战士。今天的加拿大同样在大力弘扬白求恩的这种精神。”[①]

2009年朱迪斯代表康考迪亚大学与香港理工大学校长陈繁昌（Tony Chan）签署合作备忘录

2008年11月7日，朱迪斯代表康考迪亚大学与上海财经大学的周仲飞副校长续签了谅解备忘录，并举行了隆重的续签仪式。这份谅解备忘录在前协议的基础上进行了部分修订，并再次明确了双方将在学生交换、教师互访等项目上开展合作，使其更加符合两校的

① 参见中华人民共和国外交部新闻网页，http://www.fmprc.gov.cn/chn/gxh/tyb/zwbd/wshd/t518234.htm。

发展规则。[①]

2009年5月，朱迪斯代表康考迪亚大学与香港理工大学校长陈繁昌（Tony Chan）签署合作备忘录。两所大学的校长都认为："两校的共同之处是两校的工科专业在世界都颇负盛名，所以康考迪亚大学与香港理工大学的合作将使两校共同受益。"[②]

2009年9月，朱迪斯代表康考迪亚大学到访中国传媒大学。中国传媒大学是教育部直属的国家"211工程"重点大学，已正式进入国家"985优势学科创新平台"项目重点建设高校行列。到访期间，朱迪斯与中国传媒大学校长苏志武签署合作协议，双方同意将在新闻传播等专业领域进行更进一步的合作和交流。

2010年5月，朱迪斯作为"加拿大蒙特利尔市市长及高等教育代表团"的成员之一抵达上海，访问了上海交通大学和同济大学等著名高校。

为了推进更深层次的合作，朱迪斯和上海交通大学的张文军副校长就双方开展电子与计算机工程专业博士生联合培养事宜进行了探讨，并签署了博士生联合培养协议。双方表示，对未来的合作充满信心和期待。5月13日下午3点，朱迪斯出席了由同济大学建筑与城市规划学院承办的"加拿大蒙特利尔市市长及高等教育代表团宣讲会"，并在宣讲会上做了发言。

同年10月，朱迪斯又陪同蒙特利尔市市长谭保利参观上海世博会。蒙市市长此次前往上海还为了庆贺蒙特利尔和上海成为姐妹城市25周年。

---

① 参见上海财经大学新闻网页，http://www.shufe.edu.cn。

② 参见香港理工大学新闻网页，http://www.polyu.edu.hk/cpa/polyu/index.php。

朱迪斯与中国传媒大学校长苏志武签署合作协议

2009年朱迪斯在上海交通大学签署合作备忘录

朱迪斯还接待了许多中国大学代表团的到访和考察。例如，2010年3月30日，应加拿大魁北克教育部的邀请，山东经济学院代表团访问了魁北克教育部推荐的康考迪亚大学。代表团与朱迪斯和分管国际合作的副校长阿达门森（Liselyn Adamsn）女士以及相关学院负责人进行了交流座谈。会谈中，双方就教师和学生学术交流的可行性进行了详细磋商。康考迪亚大学表示非常欢迎山东经济学院在校学生到相关学院作短期访学。

朱迪斯在任期间，克服时差和地域变化给自己身体带来的不适，频繁地穿梭于世界各地，谈笑有鸿儒，往来无白丁，于无形间提升了康考迪亚大学的国际知名度。

勤奋严谨的知名学者

作为加拿大文学翻译家协会的会员及加拿大翻译学协会的会长，朱迪斯一直致力于翻译研究，完成了多部有关翻译理论、翻译历史和文学翻译方面的著作。2008—2010年，即使行政事务非常繁忙，作为一位勤奋的学者，朱迪斯还在学术方面有所建树：2008年她在《从边缘地带走出的翻译》一书中发表了论文《北安大略翻译身份研究》。2010年发表了论文《翻译历史》（法语版）。在这两篇论文中朱迪斯强调：加拿大是一个同时以英语和法语两种不同民族语言作为官方语言的国家。从这个角度来看，翻译在将英—法或法—英的源语言转换成目标语言的解码、编码过程中，还附加了反思多元文化的功能，因此翻译活动是一种文化杂交。同时，朱迪斯还指出，在漫长的翻译史中，译者一直处于相对弱势的地位，因为一方面他身处带有强烈民族身份特征的两种民族语言的中间地带，并要取消自己的身份特征；另一方面，与作者相比，翻译者的工作通常被认为是没有创造性的转换复制活动。朱迪斯认为，在我们身处弱势、直面强势及其所强加的暴力等全球性问题时，更需要重新思考翻译的功用。因为，翻译从根本上讲不仅仅是语言或技术层面的问题，它还具有更深刻的历史意义和文化观点。朱迪斯说："在人类两千多年的历史进程中，翻译一直是参与推动世界文化发展的重要力量，翻译从不同的视角引导着一个国家的现代化进程和知识界的发展道路，几乎所有国家历史中的启蒙时期都始于翻译，因此，翻译密切关联着一个国家文化和民智的发展。"[①]

除了发表论文之外，朱迪斯还是一位翻译学教授。2013年1月29日晚6点至9点，笔者来到位于麦克康奈尔（即图书馆）大楼的619教室，听取了朱迪斯为康考迪亚大学本科生开设的课程编号为400的"翻译"课程，感受到了她的细致和严谨。她通过评价学生的前一次作业，耐心地教授学生如何学会翻译、做好翻译。她说，在开始翻译一篇文章之前，应该尽量多了解一些与这篇文章相关的背景知识；同时，还要找到刊载这篇文章的刊物，因为这个刊物上的文章通常都是围绕同一个主题而刊发的，了解文章的主题有利于翻译进程的展开；此外，她还向学生们展示了如何通过网络资源找到刊载这篇文章的期刊或论文集；在翻译的格式方面，她特意提醒学生要注意英语的美式拼写、英式拼写和加拿大式拼写的差异，保持拼写的一致性。

朱迪斯非常关注康考迪亚大学、社区、蒙特利尔市、魁北克省、安大略省和加拿大的学术事业，以尽一己之力。2002—2008

① 李和庆、黄皓、薄振杰：《西方翻译研究方法论：70年代以后》，北京大学出版社2005年版，第201—202页。

年，她是安大略大学委员会等多个委员会的委员，同时还是安大略大学委员会预算与审计委员会主席；大学校长联合会主任委员会执行主任、常设人权委员会主席、执行委员会成员。2002—2010年，她担任了加拿大大学及学院联合会主任委员会委员；高等教育奖学金委员会委员；教育事务及基金顾问委员会常设委员；依法行动顾问委员会常设委员；国际关系顾问委员会常设委员。2008—2010年，朱迪斯是魁北克大学校长及管理人员委员会主任委员。2009年，她担任了蒙特利尔艺术委员会最高评议小组成员，并于2009—2010年期间担任加拿大出版社、报纸、广播和电视评选"年度名人"评议委员会成员及《蒙特利尔国际化》主任委员会委员。2010年，她作为大蒙特利尔联合活动的内阁成员兼公共部门委员会主席和作为大都市的蒙特利尔贸易委员会委员，出席了这两个委员会主办的所有活动，并为委员会的发展出谋划策。此外，她还一直是国际翻译家协会的成员。

亲切和蔼的女领导

朱迪斯在参加第二届世界大学女校长论坛并接受采访时承认，在她的整个职业生涯中，妇女们总是起着关键的作用，她们对她产生了潜移默化的影响。同时，在成长过程中她自己也不知不觉地发挥了属于她的女性影响力。

从1980年至1997年，朱迪斯一直是康考迪亚大学西蒙·德·波伏娃学院兼职研究员。从2008年开始，朱迪斯成为国际女性论坛的成员。此外，2009—2010年，她负责指导了"女性执行网络智慧"项目。2009年她是女青年基督教委员会"每个人都能成为创办人"计划的成员之一。2002年获得伊丽莎白女王20周年金色纪念

2009年9月，朱迪斯与世界大学女校长论坛的发起人、组织者中国传媒大学名誉校长刘继南博士合影

奖章；2009年被加拿大妇女执行网络评为“加拿大最强有力的百强女性”之一；2012年加拿大董事多样性协会从全加拿大所有合格的、参加过董事会的男男女女中首次评选出“最具多样性的50人”，朱迪斯名列其中。

朱迪斯自从2004年参加了第二届世界大学女校长论坛以后，总是热心回应论坛的邀请，积极参加论坛组织的活动，2009年和2011年她先后两次参加世界大学女校长论坛，与来自世界各国和地区的优秀女性领导人交流经验。

2011年11月4日，朱迪斯在厦门参加第五届世界大学女校长论坛时接受了“网易女人”专栏的采访。记者问道：“请问您作为一名女性大学校长，相对于男性大学校长来说，有没有遇到过什么特别的困难？”朱迪斯回答说：“是的，学校里一般都是很多很多男性，女性很少，作为学校里唯一的女性领导人，的确有时候会遇到一些不快，但我觉得没关系，我们还是可以一起合作，还是可以在一起共事。但是女人需要做很多很多工作才可以得到校长这个职位，在大学里，本科生里边其实有超过一半的学生是女生，在我的国家

2009年9月，朱迪斯在南京参加第四届世界大学女校长论坛

是这样，其他国家也是这样。所以我们需要鼓励像你这样的年轻女性努力争取领导职位，提升领导力。”“网易女人”记者又问道：“随着有越来越多的女性成为大学校长，您认为作为精英群体的大学女校长将如何促进社会性别平等，以及为妇女争取权益呢？”朱迪斯的回答是：“我不认为现在有越来越多的女性校长，我们需要为之而努力。但是一旦女性走上了领导岗位，她们的确有更多的性别平等意识，我还认为女性有更强的正义感，也更公平。我认为如果世界上有更多的年轻女性站起来，走上领导职位，那世界上的战争一定会减少许多。所以我们一定要鼓励年轻的女性站起来，成为领导人。”

温柔体贴的好家长

朱迪斯是学校里的好领导、好老师，也是家中的好妻子、好母亲、好祖母。在担任学校高层管理人员时，她总是不由自主地展示家庭生活的一面，通过自己和谐美满的家庭生活告诉女学生们：当今社会，女性可以平衡家庭角色和职业身份。

自1991年朱迪斯和林赛结婚以后，两口子一直伉俪情深。他们有着相同的兴趣爱好：体育运动。朱迪斯和林赛充分利用每个周末去参加曲棍球、篮球、排球、足球和橄榄球比赛。2010年两口子做了一次比较特殊的旅行：为安大略湖区彼得伯勒的女子橄榄球锦标赛欢呼加油。林赛每逢周二和周四会在中午11点至下午1点与朋友一起打保龄球。林赛出门之前，朱迪斯总会放下手头的工作，从二楼书房出来，将林赛送出门外；林赛回家以后，朱迪斯还会细细询问比赛结果，与丈夫一起分享运动带来的快乐。朱迪斯厨艺高超，

朱迪斯和家人在一起。后排左起：迈克尔、朱迪斯、林赛；前排为林赛的一双儿女

2009年难得的一次家庭大团圆

可由于总是十分忙碌，于是林赛慢慢地学会了做饭，会在妻子晚归时为她准备一顿可口的饭菜。2013年1月29日，笔者和朱迪斯下课回家后就享用了林赛精心准备的晚餐：烤鸡腿、烤蔬菜，餐后还有冰激凌甜点。

作为一名母亲，朱迪斯对自己唯一的儿子迈克尔关怀备至。林赛在通过电子邮件回答笔者的提问时说："就个人方面而言，她一直是一位非常好的妈妈，帮助和支持她的儿子在音乐、学业和体育活动方面获得发展。"朱迪斯总是把迈克尔放在心中最重要的位置，津津乐道地回忆儿子的各种糗事和趣事，无时无刻不为儿子的聪颖优秀而自豪。朱迪斯说，迈克尔两岁多时就能很熟练地玩各种图形镶嵌配对玩具，3岁开始拉小提琴，3—4岁时能算20以内的加减法。迈克尔上小学一年级时却很失望地发现他不得不再次陪着同班同学玩图形镶嵌配对玩具、算5以内的加减法。所以他在课堂上很不安分，不时在座椅上扭动着小身子，有时还会不耐烦地嚷上一句“这些都是垃圾!”（These are all rubbish!）朱迪斯并没有像迈克尔的老师那样责怪儿子，只是很惋惜地说：“很可惜，我上小学时的那种特殊儿童学校关闭了，不然，迈克尔在那里上学可以得到更好的发展。”迈克尔在麦吉尔大学读本科时，偶然发现了一家餐馆的自助餐非常便宜，母亲从哈利法科斯到蒙特利尔来看他时，他很大方地说：“今天我请你吃午饭!”不成想两人去了以后才发现自助餐是限时的，只在下午2点到4点之间开放。迈克尔灵机一动，对母亲说：“走，我们先去逛逛街，逛饿了正好回来饱餐一顿。”朱迪斯提起迈克尔的“精打细算”，不禁哈哈大笑。

2007年儿子迈克尔结婚了，他的新娘是美国女孩、专栏记者艾米（Amy）。婚礼那天，新郎迈克尔拉起小提琴，母亲朱迪斯弹奏钢琴为他伴奏，缠绵浪漫的求婚曲结束以后，迈克尔手拿小提琴，

2007年朱迪斯参加儿子迈克尔（居中者）的婚礼。左为朱迪斯前夫帕特里克

父亲帕特里克和母亲朱迪斯挽着他的左右手，走过绿草如茵的草地，到草地的另一侧迎接他的心上人艾米。朱迪斯提及这段婚事时，欣慰之余不免有些唏嘘：“一转眼儿子就长大了!”

婚后迈克尔和艾米住在纽约的布鲁克林区，很快他们的爱情结晶威廉（William）诞生了。2012年威廉又多了一个小弟弟。艾米是旅游杂志的专栏记者，需要在世界各地出差，探访不同类型的旅游景点，将值得一看的地方介绍给她的读者；迈克尔打两份工，十分繁忙：在一所中学给9年级学生开设历史课，还在一家学院讲授19—20世纪的世界历史。每当两口子忙不过来时，朱迪斯就会无私地为他们提供帮助。例如2013年1月初朱迪斯和林赛在纽约迈克尔家中住了近两周时间，帮助照料威廉和他尚在襁褓中的弟弟。

朱迪斯含饴弄孙，培养孙子威廉对音乐的兴趣

2010年复活节家庭聚餐，孙女米亚（Mia）正在看着奶奶朱迪斯切火鸡

朱迪斯对待其他儿孙也一视同仁，她会在圣诞节和他们的生日到来之际送上精心挑选的礼物，每逢圣诞节、复活节和感恩节等重要节日时还会盛情邀请儿女回家，并提前好几天开始准备丰盛大餐，以款待儿孙。

朱迪斯承认作为一个职业女性要平衡家庭和事业之间的关系的确很不容易，她以一个过来人的身份深有体会地说："当孩子还小的时候，平衡家庭和事业的确非常非常困难，但是最终孩子们都长大了，我的孩子非常支持我，甚至我的孙子们都很支持我，他们会说，奶奶是一个校长，很忙。"

折戟中途 逆风远航

作为康考迪亚大学的领航人，朱迪斯在2008—2010年付出了常人难以想象的努力，终于带着康考迪亚大学逐渐走出财务险滩，还增加了学术项目，扩大了生源，改建了校园建筑，加强了社区内外的联系，提高了学校在世界范围内的声誉。就在她认为任期的后半阶段即将顺风顺水时，忽然晴天一声霹雳，她中途离职了。《加拿大新闻专线》于2010年12月22日迅速报道了这一突发事件，在题为《12月22日 在即将来临的几周之内蒙特利尔将提名一名临时校长》的文章中，记者这样写道："康考迪亚校管理委员会和大学评议会宣布，因个人原因，朱迪斯·伍兹沃斯博士将从2010年12月22日起不再担任校长和校管理委员会副主席一职。"康考迪亚校管理委员会主席佩特·库莱特也宣布了这一消息，他说："我十分感激朱迪斯并认可她在过去两年半时间内所表现出的领导力、所取得的成就、所作出的奉献。康考迪亚在她的领导下茁壮成长了，取得了较大的进步，在当地、省内、国内和国际上的声誉都获得了提高。"[①]但记者们发现库莱特先生却没有解释到底是何种个人原因致使朱迪斯中途辞职的。当事人朱迪斯也罕见地对诸多媒体采取了回避态度。因此，有记者认为：朱迪斯的离职是康考迪亚大学几个神秘的、高层离职事件之一。[②]他们分析说，"根据CTV新闻本月稍早的采访，伍兹沃斯本人说她愿意留任校长职位，但是被要求

---

① Canada Newswire, 01/10/2011, item source: 201101101925CANADANW CANADAPR, C9601.

② Patriquin, Martin, "The Very Short Goodbye". In *Maclean' s*, 00249262, 2/7/2011,Vol. 124, Issue 4.

离开，而且宣布她离开的消息是在圣诞假期的当天强加给她的。与之前克劳德[1]的情况一样，校管理委员会也拒绝讨论伍兹沃斯离职的情况，因而又将该大学带入相同的境地：学校的教职员工和学生都很希望知道管理委员会将如何处理，同时对她为何离职毫不知情。”[2]

朱迪斯的神秘离职在“教工中产生了一种畏惧情绪”[3]，为了稳定社区内外教职员工和学生们的情绪，库莱特代表校方于2011年1月10日亲笔题写了一封《致康考迪亚社区信》，刊登在康考迪亚大学新闻网页上。他写道：

> 近来康考迪亚大学管理委员会因在朱迪斯·伍兹沃斯博士辞去校长职位的事件中没有提供更多信息而遭到批评。我要将她的离去放在一定的环境中来看待。
>
> 首先，让我强调由42人组成的管理委员会成员包括学生、职工、教工、校友和外来人员，委员会一直本着对社区开放的精神，致力于为大学的最高利益服务。
>
> 委员会成员严肃对待他们在康考迪亚的责任。他们在我们的委员会中都是慷慨的志愿者，而且他们一直以其职业属性及经验提供着领导力和支持，他们都致力于大学和社区的建设。决心为康考迪亚提供最好的服务一直是他们过去几周内的指导原则。
>
> 尽管我们支持透明原则，但是委员会尊重与本校商业行为

---

① 克劳德是朱迪斯的前任校长，也是在任职中途离职的。

②④Patriquin, Martin, “The Very Short Goodbye”. In *Maclean’s*, 00249262, 2/7/2011,Vol. 124, Issue 4.

相关的保密协定。康考迪亚12月22日发表的声明得到了康考迪亚和伍兹沃斯博士的认可，因而双方对他们的公开言论都有一定的限制。我也相信每一个人都应该拥有隐私权。

考虑到康考迪亚今天所处的位置，毫无疑问，我们的大学，身为蒙特利尔重要的组成部分，是成功的。

高质量的学生前来康考迪亚大学求学依然保持着纪录。近年来我们更新了教工队伍——吸收并保留了那些在教学和研究领域能力出众且声名远扬的教工。很快我们就将完成联邦政府和魁北克政府奖励的“知识基建项目”工程，该工程的首期投入为八千万美元，它将为基因体学、太阳能和运动科学等领域的研究人员和学生带来新的机遇。

最为重要的是，康考迪亚财政基础稳固。我们在充当公共资金管家一职时十分谨慎。我们勤奋工作以保持预算平衡、减少债务，同时监督已经到期且花费在预算额度内的房地产项目。实际上，康考迪亚大学是魁北克省诸大学中仅有的保持最低债务的大学之一。

我们决心巩固这一良好基础并在“战略框架”中设立了雄心勃勃且能够实现的目标。我们致力于汇集康考迪亚的力量，作为一所受人欢迎的、忙碌的传统大学，我们努力在建构优秀的教育、研究、创造性活动和社区服务的各项任务之间保持平衡。我们的目标是在未来的几十年中成为加拿大顶尖的综合大学，成为加拿大学生和教工首选的大学，在某些领域或“标志性的领域”成为国际著名的大学。

正是在这种背景下，并在12月经过了委员会成员的认真讨论，伍兹沃斯博士才作出辞职决定的。

有些人建议说伍兹沃斯的离去与她或是她丈夫滥用资金有关。这种猜测是不真实的，也是不公平的，更是不负责任的。另外，任何潜在的利益冲突都会依据我们的规则和条例被提交到委员会，以引起委员会的注意。即使存在这样的事，她的花费也是经过我同意的，伍兹沃斯博士在这方面犯了保守和谨慎的错误。

康考迪亚社区对近期发生的事件及它们可能对本大学产生的影响表示关注是可以理解的。以下几点原因让我对康考迪亚保持乐观。而且在这一转型时期，本大学的教学、研究、社区服务活动未受影响地继续进行。

委员会完全相信我们强大的高层管理团队和我们教工的出色工作已经使康考迪亚大学成为学生和教工的最佳选择。我们正致力于向前迈进、增强力量。在这样一个对学生、教授、行政人员和资金而言都充满竞争的市场中，我们有必要在合适的位置找到正确的领导。

我还应该指出，在过去18个月中我们一直在复审管理问题，而这也是委员会拥有的权力。

本周，执行委员会将审核临时校长候选人，随后将向全体委员会提交推荐人选。我们的目标是在月底之前让当选的人正式上任。我们正在寻找的是一位能够与康考迪亚社区所有人交往并能为实现我们共同的目标贡献自己激情和承诺的人。临时校长将被明确授权以完成“战略框架”的目标，并将在未来12—18个月的任期中实施他的具体目标。

在适当时候，委员会也将成立一个选举委员会，它将决定我们的下一任领导。如是，我们将前瞻性地为康考迪亚社区的所有成员找寻新人。[①]

尽管库莱特刊登了亲笔信函，但是康考迪亚社区弥漫的怀疑气氛并没有被消除。瑞尔森大学校长谢尔顿·利维认为朱迪斯的突然离职反映了加拿大大学高级管理层“日渐加速的人员流动问题”[②]。由于无法得知朱迪斯离职的真正原因，习惯刨根问底的记者不由猜测朱迪斯的离职很有可能是由于她和康考迪亚校管理委员会成员在治校方针上产生了分歧：

> 许多大学校长是更加商业驱动的管理委员会和政府所强加的财务限制的牺牲品。瑞尔森大学校长利维说他并不熟悉伍兹沃斯这一特例，但是她这样的离去通常是商业一方和学术一方激烈对话逐渐增强的结果。做生意的要求少花钱多办事，“解雇教练更容易。”他说。[③]

朱迪斯辞职的消息很快传出了康考迪亚校园，引起加拿大高等教育界和社会的高度关注。卡伦·伯查德和詹妮弗·莱温顿于2013年2月22日在《高等教育年鉴》上发表了联合署名文章《领导黜职让加拿大学者大为不安》，认为：“蒙特利尔的康考迪亚大学因为两任校长的提前离职而引发了高关注度。”[④]朱迪斯的突然离职让众人不解：朱迪斯曾经在康考迪亚大学工作过17年，对该校的文化氛围应该毫不陌生，也许她适应了该校的学术文化，却无法适应富

---

① Canada Newswire, 01/10/2011, Item: 201101101925CANADANWCANADAPR.C9601.本文由笔者译为中文。

②③Patriquin, Martin, “The Very Short Goodbye”, In *Maclean’s*, 00249262, 2/7/2011, Vol. 124, Issue 4.

④ Karen Birchard and Jennifer Lewington, “ Leaders’ Oustings Upset Canadian Scholars”, In *Chronicle of Higher Education*, 2/22/2013, Vol. 59, Issue 24, pp.A10–A10.

有商业气息的高管行政文化？也许她适应了身为一名女性的处事方式，却无法接受传统的以男性为中心的行为方式？也许，这些疑问和困惑只有多年以后才能解开了。

2011年年初，经过短暂休假和调整的朱迪斯回到康考迪亚大学法语系担任专职翻译教授。尽管经历了一系列的挫折，她依然深情地说："在开始我事业生涯的30年之后我又重新被聘到这个学校，作为这个学校的掌舵者，虽然只有很短的时间，但对我来说是个很大的荣耀。我衷心希望康考迪亚大学有良好的发展，在职工、全体教员和学生强有力的参与下能够使学校稳步发展。我对我们在不久前所取得的成果感到骄傲，而且我十分欣赏校内外团体所作的努力和贡献。"

2010年朱迪斯代表康考迪亚大学向加拿大前总理让·克里蒂安颁发荣誉博士学位

朱迪斯的同事们也同样十分欣赏她。2013年1月29日下午4点笔者依约来到朱迪斯的同事、法文系系主任菲利浦·凯农（Philippe Caignon）的办公室。菲利浦说早在朱迪斯担任校长之前他们就已经认识了，在他看来朱迪斯任不任校长对她与他人的关系都影响不大，因为"她一直享有很好的声誉，很简单、很开朗、很谦逊，没有老于世故，对学生、同事、其他人都很体贴，随时准备帮助他人。"菲利浦认为："朱迪斯任校长期间不像是一个大权在握的高管，而更像是一个友好的普通人，每个人都能走近她，她就像是同事们的姐妹。而对于国际学生来说，朱迪斯像是他们的妈妈。大家都很喜欢她。"第二天，当得知菲利浦对自己的赞赏和认可后，朱迪斯回答说："确实有些人认为我应该摆出校长的架子，要不显得太女性化了，也缺乏高高在上的权威感。不过，我还是坚持我的

菲利浦·凯农和朱迪斯摄于前者的办公室。他们身后的海报是菲利浦新出版的专著海报（图片来源：徐天舒）

做法，因为这样会让大家感到更有归属感。对国际学生尤其是如此，他们初来乍到，难免会遇到像找房子、缺钱少物、适应学习、适应环境等一系列的问题，有个像母亲一样的人帮助他们，会给他们的留学生活留下美好回忆的。”

在朱迪斯的另一位同事、加拿大知名翻译理论学家谢莉·西蒙看来，朱迪斯的最大优点是对朋友忠诚。谢莉回忆说，她和朱迪斯初次相识是在1983年，那时朱迪斯在康考迪亚大学主持本科生的翻译项目，谢莉前去应聘翻译教职。从那以后两个都爱好音乐、兴趣相投的人就成了好朋友。谢莉说：“这30年我一直待在康考迪亚，而朱迪斯却走南闯北，我们平时都很忙，并不太经常见面，可是我知道在我和其他朋友需要帮助时，朱迪斯一定会在第一时间忠诚、体贴地提供援助。”无论是作为教师还是大学女校长，朱迪斯在康考迪亚大学的点点滴滴成为她学术和职业生涯中重要的阶段，而她的美好品德、她的友好也

谢莉·西蒙在她的办公室中（图片来源：徐天舒）

温暖了他人的生活。

无论如何，诚如小说《飘》女主人公斯嘉丽所言：明天的太阳总是新的!生活总要继续，朱迪斯没有一蹶不振，也没有沉沦不起，相反"得到超过70万加元解雇金的伍兹沃斯正在向前进。她去纽约看望了自己的孙子，她拒绝说一句康考迪亚的坏话，更愿意谈一谈她正在撰写的一本书。康考迪亚，似乎也想往前进。"[①]

2011年11月2日朱迪斯应邀为中国传媒大学外国语学院师生作翻译讲座（图片来源：http://sis.cuc.edu.cn/web/information111103.htm）

作为一名术业有专攻的知名学者，这一次朱迪斯着重关注与学业相关的事宜。作为翻译研究的全职教授，她为高年级本科生和研究生开设了翻译者的复审和编辑、社会人文学科中的翻译、文学翻译、翻译学中的研究方法等多门课程。2012年7月，朱迪斯修订的《穿越历史的翻译家们》由坐落在阿姆斯特丹和费城的约翰·本杰明出版公司出版。此外，朱迪斯还受邀到世界多个地方做学术演讲：2011年11月4—6日在厦门大学举办的第五届世界大学女校长论坛中发表了演讲"全球化时代的教育：将国际

① Karen Birchard and Jennifer Lewington, " Leaders' Oustings Upset Canadian Scholars", In *Chronicle of Higher Education*, 2/22/2013, Vol. 59, Issue 24, pp.A10–A10.

化整合到大学目标和战略方向之中"；2012年1月14—15日在台湾辅仁大学"口译及翻译"第十六届国际研讨会上做了"多面的创造历史的翻译家们"的主题演讲；2012年3月15—17日在多伦多约克大学举办的"后中学教育的政策构造：混乱时代的问题和前途"国际研讨会上发表了"从校长及随员开始设定战略方向：障碍及成功故事"的演讲；2012年11月1—3日在蒙克顿大学"官方多语言背景下的翻译"大会上做了"透过翻译授予名誉：从乔叟到克林贡①"的演讲；2012年12月10—14日在清华大学、北京外国语大学和香港城市大学合办的讲座中受邀做了有关翻译研究的演讲。

著作等身的朱迪斯同时不遗余力地致力于公益事业。2011年4—11月她作为非洲大学协会（AAU）②顾问，到达加纳，帮助非洲大学协会撰写他们的战略计划；在内罗毕为非洲大学协会和加拿大大学及学院联合会的行政管理人员举办工作坊，传授大学战略计划的制度、流程和编撰目的。她说："我到的这几个国家的生活条件都十分艰苦。我们的住处离工作坊很近，平时只要十分钟的车程。可是有一天，一场暴雨过后，路被冲没了，我们的车在泥泞中跋涉了2个小时才到达目的地。"尽管条件艰苦，朱迪斯却十分乐观，甚至还挺享受苦中作乐。她在自己的住所笑呵呵地向笔

① 克林贡：Klingon。这套语言是为了20世纪末期美国著名的科幻电影和连续剧《星际迷航》（*Star Trek*）而发明的。在影片中，使用这种语言的克林贡人是一个掌握着高科技却野蛮好战的外星种族。克林贡语的发明者是美国语言学家马克·欧克朗（Marc Okrand）。参见http://www.baidu.com/s?tn=06008006_2_pg&ie=utf-8&bs=universite+de+moncton&f=8&rsv_bp=1&wd=klingon&rsv_sug3=12&rsv_sug=0&rsv_sug1=2&rsv_sug4=6688&inputT=8406。

② 该项目是由加拿大国际发展代理处和加拿大大学及学院联合会（AUCC）共同出资资助的名为"强化非洲高等教育利益关系"项目的一个部分。

者形容说："按照非洲习惯，工作坊开课之前，听课的妇女们会敲打随身携带的锅碗瓢盆，作为热身运动，载歌载舞地唱上一曲，然后才在泥地上写写画画，开始一天的学习。"随后，朱迪斯起身走进厨房，从橱柜中拿出一只不锈钢面盆，模仿着非洲妇女的姿势，双手娴熟地敲打着面盆，一只脚踏着节奏，嘴中不时地跟着四肢动作发出"嘭嘭恰"的声音，当着笔者的面快乐地演示起来。

2012年秋季朱迪斯还作为加拿大国际发展代理处CIDA外部咨询小组成员，帮助该协会甄选合适的加拿大大学，以主办采掘垦殖工业及发展加拿大国际学会；2012年8月至2013年2月她是女王

朱迪斯在塞内加尔与听课的非洲妇女合影

大学[①]的顾问，法语学院校长未来工作主席兼促进者；从2013年1月开始她进入魁北克妇女执行网络咨询委员会；2013年受邀成为妇女执行网络智慧计划的指导者。的确，朱迪斯不仅在前进，她还加快了前进的步伐。

生命是一条隽永的长河，有智慧放下，有心胸拾起。对于这样一位柔韧、开朗、勤奋、坚忍、聪颖而又优雅的女性来说，迎接朱迪斯的必将是又一片艳阳天！

---

① 女王大学，University of Regina，又被译作里贾纳大学，位于加拿大萨克齐万，2010—2011年有1.42多万名全职和兼职学生，406名全职教工、865名永久职工以及大约1300多名的临时工。详见该大学网页http://www.uregina.ca/profile。

附录　朱迪斯·伍兹沃斯个人简历（2013.1）

教育背景

1964—1968　蒙特利尔市麦吉尔大学艺术学士（法语与哲学）

1968.9—1969.8　法国斯特拉堡大学文学硕士（现代法语文学）

1969.9—1977.6　蒙特利尔麦吉尔大学法国文学博士

工作经历

1974—1977　多伦多大学维多利亚学院及继续教育学院兼职教员，讲授授予学分和不授予学分的法语语言课程

1976—1980　翻译及作者

在国防部翻译局担任翻译

在加拿大统一组织[①]工作，从事翻译和复审工作

《多伦多日历》杂志和《蒙特利尔日历》杂志，撰写、编辑餐馆评论，在联合国生活环境大会中将电影展示用法语翻译并配字幕

① 加拿大统一组织是私人运营的非营利组织，其任务是致力于加拿大统一和联邦公共机构事务。详见维基百科，http://en.wikipedia.org/wiki/Canadian_Unity_Council。

1977—1978　西安大略省大学呼伦学院 法语系讲师

1980　助教

1981—1983、1986—1989　康考迪亚大学本科生翻译项目主任

1983—1985　康考迪亚大学艺术与科学学部人文分部主任助理，分管法语系的学术任务布置

1984　获得终身教职

1985　副教授

1989—1991　康考迪亚大学研究生学位翻译项目主任

1991—1995　康考迪亚大学法语系系主任

1995—1997　康考迪亚大学艺术和科学学部副部长，分管学术事务和国际关系

1997—2002　圣文森山大学副校长（分管学术），现代语言系教授

2002—2008　萨德伯里劳伦森大学校长，法语和翻译系教授

2008—2010　康考迪亚大学校长、校管理委员会副主席，法语系教授

2011年至今　康考迪亚大学法语系翻译研究教授，康考迪亚大学教育顾问

研究和著述

著作：

《穿越历史的翻译家》，珍妮·德利赛尔和朱迪斯·伍兹沃斯编辑指导，约翰·本杰明出版公司/联合国教科文组织出版，阿姆斯特丹&费城，1995年出版；同年，渥太华的联合国教科文组织出版

了法语版。

《穿越历史的翻译家》，朱迪斯·伍兹沃斯修订和扩充，约翰·本杰明出版公司出版，阿姆斯特丹&费城，2012年7月出版。

该书1998年被译成葡萄牙语，由巴西圣保罗的Editora Atica出版社出版；2005年译成西班牙语，由安提瓜尔大学出版社出版；2006年被译成阿拉伯语，由科威特城的Dar Al Elm 出版社出版；2007年渥太华大学出版社推出该书法语版的第二版；2008年罗马尼亚韦斯特大学出版社出版了罗马尼亚语版；汉语版即将推出。

后 记

真没想到，我的人生履历中竟能添上一个传记作者的身份！

2011年1月初，正在与学院一大堆科研数据较劲的我接到一个电话，陌生、略带湖北口音的女声亲切地传来：“续（舒）老师，明天有没有空到我办公室来一趟？”邀我的竟是我校名誉校长刘继南教授！此前，调入中国传媒大学不久的我除了极偶然地在全校大会上看到她端庄而又威严的背影，还从未有机会与刘校长当面接触呢！

从刘校长口中我了解到撰写世界大学女校长传记的宏大计划及其重要意义，从她手中接过为加拿大康考迪亚大学首任女校长朱迪斯·伍兹沃斯教授撰写传记的任务，感念领导信任的我不免信心不足：面对如此重要的任务，能否不辜负校方的委托和期待交出一份圆满的“答卷”，毫无传记创作经验的我惴惴不安！

在两年多的撰写过程中，困难是我如影随形的朋友。尤其接到任务后的头半年，我根本无法与传主联系上！我发出去的一封又一封电子邮件如泥牛入海，毫无音信。性急的我还委托去蒙特利尔探亲的同事帮忙打听，也未得到结果。眼见其他同事进展顺利，有些传记写作已经进程过半，情急之下，我只好采取肖申克的做法，锲而不舍地往康考迪亚校长办公室发电子邮件。终于有一天，我收到一封没有落款的一句话回信："伍兹沃斯已不再是校长，你往这个信箱发邮件。"此后，我才了解到原来我心急如焚的这一段时间恰逢朱迪斯遭遇事业的重大变故，难怪我发往校长办公室的电子邮件无人回应呢！

2011年10月30日，我手拿写有"朱迪斯·伍兹沃斯教授"的彩色纸板，终于在首都机场盼来了前来参加第五届世界大学女校长论坛的朱迪斯，她比我在网络上看到的图片更加优雅美丽，颀长的身材配上系在咖啡色西服外的淡褐色缀小黄花的长丝巾，风姿绰约。为方便我辨识，此前朱迪斯在写给我的电邮中不仅详细列出了她的航班信息，还仔细描绘了她下飞机时的装扮。她的细致和体贴给我留下了深刻的第一印象。11月2日她到访我院，为我院师生做了学术讲座，让我亲身体会到她知识渊博的学者风度。11月5日，在厦门举行的第五届世界大学女校长论坛上，朱迪斯沉稳大气的会议发言又让我见识了她的高管风度。在两年多的相识过程中，朱迪斯就像是一个多面切割、熠熠生辉的水晶体，她的学识、她的个性、她的经验、她的阅历……持续不断地吸引着我，我很想有一支生花妙笔写尽她的一切，可是却不无羞愧地发现：书到用时方恨少，我的一支秃笔根本无法完成我的理想，但我可以像美国作家奥尔科特所说的那样，"抬起头，发现它们的美好，相信它们，试图跟随它们指引的道路走下去"。

完成这部传记，于我是一件要事。饮水思源，我首先感谢刘继南校长和中国传媒大学领导的信任、支持和敦促。尽管当面聆听刘校长教诲的机会极少，从她那里我还是感受到中国高校高级行政主管的风采。如今，年逾古稀的她依然满腔热忱地为中国高等教育事业的发展孜孜不倦地工作着。细雨润物，校长的言传身教、至微关怀让我铭感在心。

我要感谢传主朱迪斯的信任和配合。感谢她在繁忙的日程安排中挤出时间，接受我的邮件提问、面谈和采访。感谢朱迪斯的丈夫林赛为我提供了100多幅照片，耐心回答我的提问，并在家中和朱迪斯一起热情地招待我。

我要感谢中国传媒大学外国语学院的领导和全体同仁，在我传记创作的最后冲刺阶段让我暂时脱离繁杂事务，神澄意定，专心写作。他们的支持和鼓励让我受益匪浅。

我要感谢我的学生史永帅、王卉、刘明璐、孙明钰，是他们帮我从网络世界里查找到大量与传主相关的新闻资料并译成汉语，加快了我的工作进程。

我还要一如既往地感谢我的家人，没有他们的支持、鼓励、理解和包容，我走不到今天！

对领导、老师、长辈、同事和亲人的厚爱，我将永远心存感激！

于我，尽管在高校从教多年，但熟悉女性行政高管并透过她们的业绩深入了解高等教育的发展还是首次，我知道我要走的路还很长。由于自己视野和学养的局限，这部传记还很不成熟，存在诸多不足之处，恳请读者诸君不吝赐教。

作者谨识

2013年6月16日改定于爱丁堡大学

图书在版编目(CIP)数据

朱迪斯·伍兹沃斯——加拿大康考迪亚大学校长/舒笑梅.
—北京：中国传媒大学出版社，2014.9
ISBN 978－7－5657－1058－2

Ⅰ.①朱… Ⅱ.①舒… Ⅲ.①伍兹沃斯，Z.—人物研究
Ⅳ.①K837.115.46

中国版本图书馆 CIP 数据核字(2014)第 143888 号

朱迪斯·伍兹沃斯——加拿大康考迪亚大学校长

著　　者	舒笑梅
责任编辑	李水仙　张　旭
责任印制	阳金洲
封扉设计	创意源文化艺术
出 版 人	蔡　翔
出版发行	中国传媒大学出版社
社　　址	北京市朝阳区定福庄东街 1 号　邮编:100024
电　　话	86－10－65450528　65450532　传真:65779405
网　　址	http://www.cucp.com.cn
经　　销	全国新华书店
印　　刷	北京艺堂印刷有限公司
开　　本	670mm×970mm　1/16
印　　张	13.25
字　　数	141 千字
版　　次	2014 年 9 月第 1 版　　2014 年 9 月第 1 次印刷
书　　号	ISBN 978－7－5657－1058－2/K·1058　　**定　　价**　49.00 元

国家出版基金项目　教育部人文社科重大委托项目

探寻世界女子高等教育的发展轨迹　展现大学女校长的治校理念与风采

“世界大学女校长　女子大学”丛书

总顾问　陈至立　　主编　刘继南

丛书涉及23个国家的女子高等教育　34个国家80余位大学女校长

吴贻芳——金陵女子大学校长
谢希德——复旦大学校长
常沙娜——中央工艺美术学院院长
庞瑶琳——北京化工学院院长
陈乃芳——北京外国语大学校长
回春茹　张礼玺——中华女子学院院长
山红红——中国石油大学校长
胡大白——黄河科技学院院长
秦　和——吉林华桥外国语学院院长
包德明——台湾铭传大学校长
钟期荣——香港树仁大学校长
成嘉玲——台湾世新大学校长

阿丽扎·申哈——以色列厄梅克学院院长
戴·叶布瑞——澳大利亚麦考瑞大学校长
居尔松·萨拉莫——伊斯坦布尔科技大学校长
杰奎琳·里博格特——美国埃莫森学院校长
克里斯汀——冰岛大学校长
坤仁·苏查达·吉拉南——泰国朱拉隆功大学校长
玛利亚·埃莱娜·纳扎雷——葡萄牙阿威罗大学校长
玛娜娜·萨那泽——格鲁吉亚大学校长
玛维琳娜·秀茨——美国迪拉德大学校长
曼珠·米舍尔——尼泊尔新闻与大众传播学院院长
英格瑞德·莫西斯——澳大利亚新英格兰大学校长
朴东顺——韩国东西大学校长
水田宗子——日本城西大学校长
张蕴礼——夏威夷大学希罗分校校长

朱迪斯·甘丽雅——新西兰梅西大学校长
朱迪斯·伍兹沃斯——加拿大康考迪亚大学校长
朱慧琼——津巴布韦非洲女子大学董事长

澳大利亚大学女校长
大学女书记们
大学女校长们
俄罗斯大学女校长
法国大学女校长
非洲大学女校长
芬兰大学女校长
韩国大学女校长
美国常春藤大学女校长
美国五姐妹女子学院校长
塞尔维亚大学女校长
意大利大学女校长
印度大学女校长
英国大学女校长
中国大学女校长

世界女子大学
美国女子大学
韩国女子大学
日本女子大学
中国女子高等教育

智慧的靓影——世界大学女校长论坛精彩瞬间

传媒人书店
(For IOS)

微信关注我们

访问我们的主页

丛书相关资源和中国传媒大学出版社信息　网站下载 http://www.cucp.com.cn

世界大学女校长论坛及丛书信息　网站下载 http://lady.163.com/special/sense/nvxiaozhang.html